Crónicas de la senda oscura

CARLOS LOPEZ DZUR

DEDICATORIA

Dedico este libro a mi padre, Víctor López Nieves, maestro de
escuela por casi 40 años, poeta; a Carmelo Aponte Feliciano,
también maestro, pintor y escultor, a Efraín Román.
A mis ex profesores del Recinto de Mayagüez, Germán Delgado
Pasapera, Loida Figueroa, de Historia,
y los docente del campus de Rio Piedras. **CALD**

CONTENIDO

Dedicatoria	iii
Florete	8
Mi ticher favorito /	14
Perencejo, el Aldeano	11
Los malvivientes en el Reino	
de la hibridez	15
Te digo quien soy	19
Pedagogía colonial	25
Romance de Don Herminio	29
El filosofo desengañado	35
Caído en la *Hybris* / Desmesura	41
La fiera Santa	47
Como si nada hubiera pasado	53
Te pongo en antecedentes	66

Lolo Puya, 1948 / 57

EJ Valle de la Matanza 62

La tentación de Marta 68

73

El deseo del Reo

73

Para que hables ingles y tengas derecho
al voto 79

Yo lo que quiero es salsa 84

Juan medita sobre el perdón 100

Mi corazón en el dolor tan viejo 104

Mi novia es romántica 113

Muller y la adultera 119

Más vale maña que fuerza 126

Cuando los hombres tenían rabo 129
Kim clin-clin 133

Codo e ignorador 137

Memoria del Ultraje de Floris 152

«... Es necesario salirse del laberinto mental al que nos somete la lógica neoliberal. Pensar que sólo es posible lo que nos determinan quienes deciden los límites del laberinto. Que es posible ir más allá. Que debemos ser conscientes de que estamos inmersos en una lucha no sólo económica, de saqueo financiero y especulativo, sino también en una lucha ideológica que nos define los límites de lo pensable y coloniza el sentido común de tal forma que nos impide imaginar otra educación posible... Un modelo de educación que nos hace a todos y todas más infelices y que no nos ayuda a aprender a construir un mundo más justo y mejor. Si la educación que tenemos no sirve para esto, debemos aprender a pensar otra educación posible y necesaria»: **Enrique Javier Díez Gutiérrez. Profesor de Didáctica y Organización Escolar de la Universidad de León** y Coordinador del Área Federal de Educación de IU

FLORETE

«Forzoso es y será siempre que busque la economía política su complemento en   la moral y la religión, si esta nueva ciencia no ha de traer mucho más daño que provecho al mundo»: **A. Cánovas del Castillo,** Defensor de los intereses de la nobleza latifundista, la **Liga Alfonsina** de los esclavistas y los caciques, 1871

... Ahora que Mariano adquirió su *nom de plume / Florete,* señal de arranque de sus reflexiones y raíz de su consciencia social, la nostalgia profunda de su madre le obsede. Un cierto día recuerda que le dijo*: si vas a cuidar tu apellido y persona de agresiones, o del aguijón de seres venenosos, que no sea la espada o esgrima. Las armas se revierten contra quien las lleva, no te das cuenta, pero provocan las heridas o cicatrices que más duran.*

Sostiene en sus manos un florete, de 3 pies y siete pulgadas de largo, de flexible acero de carbono. Las historias que ella le dio sobre el lado oscuro de las almas, a las que designara *'sensaciones ante el rodaje de las bolas de excremento'* son parte de sus misteriosas fantasías. Neurosis de su madre, tal vez.

Para ella, el mundo deja muchas picaduras y la gente no despabilada, dormida en la cobardía, no sabe conceder la victoria en lo que se debe. Prefiere sujetar al nosólogo al estigma.

Mariano deja el florete sobre la mesa y abre una cajita que le dio ella en su lecho de enferma y su agonía. Sabe lo que hay dentro: el amuleto. Un escarabeo. *Scarabaeus sacer,* una sortija egipcia que fue de su abuelo. Es la joya más valiosa que tiene la familia. Ella pensó que un día la necesitaría en aras de respaldar cosas que aprendió de un librepensador, su padre mismo quien Murió, diez años antes, tiempo suficiente para legar a su hija sus libros e inquietudes.

Ella aprendió a leer a los clásicos, como él. Mas ella prefería la Tragedia. En particular, a Eurípides, también leyó a Esquilo y Sófocles.

El abuelo Ostaló dijo a su hija: —Estos libros que. desde que te casaste, dalos a tu hijo cuando crezca y precisamente, ya Mariano los empacó. Se lo lleva en el viaje mientras espera un milagro. O una herida de una espada predecible. No quería separarse de su madre pero tiene la muerta a las puertas.

La razón por la que viajara es que huye, si se puede decir de ese modo. Viajará a Francia. Reúne el dinero. Lo recabo mientras se entretiene, por otra parte, con el rastreo de datos sobre Antonio Valero Bernabé. Es su héroe. desde que te casaste,

El 24 de noviembre de 1885, en vísperas de la muerte del rey Alfonso XII, creyó que Práxedes Sagasta fue realmente bravo, como líder del partido liberal, y lo vio que firmara componendas con Cánovas del Castillo, jefe del partido Conservador. El Pacto de El Pardo y de apoyar la regencia de María Cristina (embarazada del futuro rey Alfonso XIII), fue una montaña de excremento. Se cayó como dirigente otro *ídolizado* de su juventud y, sucedido así. Mariano desenvainó el florete. Lo hundió duro con palabras que hieren la continuidad decantada para la monarquía ante la prematura muerte de una momia futura. O escarabajo divinizada sobre una cima de mierda. Como Valero no hay otro.

Cánovas se comprometió a ceder el poder a los liberales de Sagasta a cambio de que éstos acataran la Constitución de 1876. El turno instaurado en el *Pacto del Pardo* se prolongó hasta 1909. El pacto ya existía de forma implícita desde 1881.

2.

Recuerda una cita de un libro de Konrad von Megenberg: «*El escarabajo pelotero recoge una peque-ña cantidad de excrementos que moldea hasta formar una perfecta esfera. Una vez concluida la transporta haciéndola rodar hasta enterrarla. La bola asociada al sol y su recorrido al ciclo solar desde que nace hasta que muere*».

Ha vuelto a recordar a la troyana, su madre, a la picada de lo escorpiones, a este proceso acaecido y en libro que ella si disfrutaba, *Libro de la naturaleza* de Von Megenberg, el autor describe al escorpión y su *travesia* desde la senda oscura a la luz. Es como «*una especie de serpiente, de cara tierna, comparable al semblante de una virgen casta. A quien envenene el escorpión, le quedan todavía tres días de tiempo, antes de tener que morir*».

Entiende la ironía de Ostaló cuando llama a su mujer, «*tu pobre madre loca, troyana, con fibra de*

Casandra, vengadora». *Devo*lta de Serket e Isis pues es quien protege a los humanos de picaduras de alacranes. La Señora Ostaló de Abril de Abril cometía la ridiculez de llevar al pecho una *candarga,* con el símbolo de Isis y siete escorpiones contra las malas vibras de Seth. Tomó en serio la idea.

Hubo, por cierto una época / no sería tan remota /en que ocurrió una invasión de escorpiones humanos. Dice que se cuenta en la epopeya sumeria o Poema de Gilgamesh y Gilgamesh en la oscuridad de la montaña Mâshu, vio un semihombre y su semimujer, *«de atrocidad tal, que su mirada resultaba mortal».* Su misión fue la custodia del amanecer y el ocaso. Sólo Gigamesh no le tuvo miedo.

Mariano no sabe ya si realmente se debaten con absurdos cuentos. Por de pronto, se cuida de las torturas. De verse en posición de que le aprieten los guevos si cayera en presidio. Leyó del libro de Von Megenberg que un escorpión pellizcó los testículos del toro Mitra y lo dejó loco. Que la diosa Artemis mató a un alacrán que dio su picadura al cazador Orión...

Un día que hablara ella a mi padre con todos los dientes y reprendía a su marido conservador, escuché que le dijo: —para yo despedirme en paz de la vida, déjame antes que venga la bola de estiércol a arrastrarme al abismo, decirte que ninguno de los escorpiones que odio, y pisan la cagada en lo oscuro. me dará muerte, antes será Cánovas y Romero Robledo, coleópteros de la Liga Nacional alfonsina [organización que aglutinó a varias sociedades promotoras de la existencia de la esclavitud].

Siempre, desde que enfermó, pedía a Mariano que le acercara libros de su padre: le gustaba Emilio Castelar más que Nicolás Salmerón, Francisco Giner de los Ríos, y cosas sentimentales, cartas de De Hostos, por ejemplo y un libro sobre la Naturaleza / el sistema de la vida / de Konrad von Megenberg, el místico.

—El escarabajo representa la vida... y la fertilidad—, le dijo la madre.

—Ahora es tu vida la que me importa, mamá.

—Marianito, lo sé. No me hagas caso. Esquivé mucha mierda en movimiento y estoy lista para la última rodada de la bola que me amenace o me tiren. Cuando la bola de nuestras vidas, escarabajo interiores, sea enterrada, la muerte significara que dejamos de comer-nos la mierda en movimiento. Es sean los alacranes y coleópteros del mundo.

Después dijo que no hay nada realmente despectivo sobre el animalito o su mitología.

—Es sagrado. Te di sola una interpretación políti-tica—, me dijo. EL escarabajo representa el Sol naciente, vida y poder, o junto con el ser humano, la criaturilla que mejor expresa el orden divino, incluyendo resucitar.

En la bola de excremento, se deposita los huevos, en un hueco que parece una pera dentro de la bola.

—Es sagrado—, la acotación temblorosa, tan tenue, me dejó impresionado y, por eso desde que murió, beso esa sortija que representa el último dialogo con ella y su contacto con un amuleto, con forma de escarabajo pelotero..

También fue fascinante cómo la ancianita Ostaló asoció la caída de Troya y el exterminio de cada renglón de prosperidad a la justificación de hombres bárbaros, y lo son todas las gentes que se someten a la esclavitud de modo natural, sea troyano o ateniense, tirios o romanos.

La bola de mierda se solidifica con el absolutismo Atena escupe sobre la tierra donde los escorpiones se esconden sino y una vez salen a cazar sus presas, ellos mismos trituran como alimentos lo que está en la superficie.

03-17-2004

MI TICHER FAVORITO

«I'm satisfied about my tenure as the FBI's leader in Puerto Rico. My eventual successor would have plenty of work still to do. If the focus of the office remains on corruption, they will have a full plate... There are political figures under investigation by the FBI. I don't want to get into details, I don't want to give a number, but yes, it could be that political figures are charged before the election. We have not fixed the system, not yet»: **Luis S. Fraticelli,** FBI Special Agent in Charge

Topamos, en funciones, con todo el mundo. Todo tipo de gente. Un poco más y somos omnipresentes. Como siempre, en regímenes hiénicos, las visitas ya no son discretas. Se publicitan el rigor de tu poder. Un espiador antiguo que de repente oprimes. Se observa más claramente lo que hacías. Tu mirada se completa y perturba tu aparente calma examinadora.

Fue Luis quien vino armado de autoridad para examinar muchas corruptelas. Avatares políticos. Levantó la ráfaga de polvo. Cagazones que ni imagino y los que elementos emotivos [de quienes tendrían una pizca de vergüenza] quedarían debajo de la alfombra.

Desde 1988, reasignado a tareas trabajo en Puerto Rico, pidió todo expediente, incluyendo el mío. Sólo que ya no lo creí *amigo*. Fue demasiado opaco para ser más, que un material o circunstancial vecino. Amigo pudo serlo hasta que con el motejo de *Perencejo Bonalde el Chivo,* comenzó a crear sus extrañas connotaciones. Mas bien, el *Chivo* en contraposición de cualquier otra persona a la que se responsabilizara por la proliferación de las ratas callejeras. Para el cuarto año de Secundaria, ya fue un discípulo amargo, uno que cree que sabe más que el maestro, que desafía para de ese modo probarlo. Uno que envidia.

Mi chivería fue evitar el *anamú,* la yerba de los *aventa'os.* Dicen que los chivos no la mastican. Tienen la sabiduría de evitarla, hoy. que la mastica para golpear a inocentes y atontar a los listos y sacar ventaja de ellos.

—¡Tú comes *ratas!* —me dijo años después cuando releyó la investigación de la que daría cuenta a Washington, D. C., como Supervisor y Agente Especial de la División Criminal del FBI. Y, claro está, tenía el acceso al expediente con la foto que me presentaban como *mal aldeano.* Yo, uno de los jóvenes maestros en la Gabriela Mistral H.S., en Puerto Nuevo. Era un creciente gesto retorcido que se enseñara Historia o Literatura, y se animara la asistencia al Grito. A él, si alguien picara su consciencia de aprendizaje de

Clara no. Traicionera. Tú la dices a todo el que conoce. Avisas sobre la guerra y el peligro en ciernes.

«There are political figures under investigation by the FBI. I don't want to get into details»; pero, lo indiscutible es que el Buró de Investigaciones estarás pateando los cojones, *«kicking adversary in the crotch, in order to escape from him or evade a more trouble-some situation».*

—Hay dos maneras de descojonar a los políticos, criminales e indeseables... *by grabbing, crushing, stepping on, slapping, kicking, or merely flicking, or otherwise violently treating another's testicles in order to distract them.*

Se miran con ojos mutuamente azorados.

3.

—... eres soberbio, Luis. Hay *hienas* que se las pasan llorando, lamentando errores que cometieron y auto-críticas. Creerán que castigaron sus presuntos errores. A menudo las *hienas llorosas* y sus quejumbres, están entre *'populares abochornados'*. Les cuadra su estigma interior, a la postre ser colonizados y colonialistas; en la segunda etapa de su proceso avergonzante, se convierten en *muñocistas arrepentídos.* Ya pueden aceptar de donde proviene su hedor. Sus muertos irrecuperados. La estructura que mantiene al descubierto la cobardía y el poquitismo, la injusticia, la impunidad, el olvido y las mentiras oficiales.

—Eso es un disco rayado. Puerto Rico ya no llora sus muertos. Se produce otro *Cerro Maravilla,* otra Masacre de Ponce y la gente colonial se alista para reprimir. El poder le asigna la tarea... Somos los perfectos mercenarios, asígnale misión a las hienas...

—... eres soberbio, Luis. Hay *hienas* que se las pasan llorando, lamentando errores que cometieron y auto-críticas. Creerán que castigaron sus presuntos errores. A menudo las *hienas llorosas* y sus quejumbres, están entre *'populares abochornados'*. Pero: ¿quién define a los *indeseables, enemigos* y subversivos, en este sistema social, con susodichos valores, estilo de vida y libertades que Fraticelli defiende?

El poder. Un poder mayor.

El Director del FBI Robert S. Mueller ofreció a Fraticelli una plaza con más responsabilidades, si se mudara a Washington, D.C., que lo pondría en la cabeza de una unidad de 600 agentes especiales cuya pericia se relaciona a incidentes críticos de inteligencia, rescate de rehenes, vigilancia y aviación.

Fue el año en que ellos se rencontraron. —La vida nos junta de nuevo y yo no te odio, Bonalde. Digo más, te admiré siempre. Habría querido ser como tú si no hubiese topado con los valores del Army. El poder no da opciones.

PERENCEJO, EL BUEN ALDEANO

La historia de Perencejo Bonalde / el *Buen Aldeano* / en la boca sucia de Fray Mocho, su acusador anónimo. se transmitía adulteradamente. Arrastró su anecdotario de maestro vicioso y revoltoso, antes de irse a Nueva York. Aquí lo fichaba la policía. Sobrevivió con el cargo de líder de enlace de una Comunidad Especial, había caído muy bajo desde que el Luis el Chota le hizo perder su imagen ante vecinos. En Nueva York donde murió su madre. Cinco años más tarde, como una flor tronchada prematuramente, murió unas de sus hijas. Y, como si no lo hubiera descubierto todavía, se decepcionó del amor y la vida. No se tomó los desafíos necesarios para entender lo que el matrimonio y puede-y-debe-ser porque. No invertir en ese amor, no investigarlo a plenitud, fue el error que llevó al alcoholismo y a los paraísos artificiales.

«Perencejo era un tecato en New York y pastor sinvergüenza explotó los colores del chisme y el cargo», se quejó Heredia porque quería hincharse el pecho como un piadoso del evangelismo de aparato.

—Antes no supe amar, sobreponerme, a lo vulnerable de todo lo humano. Ahora sé que la tarea primaria es redescubrir ese amor y reexaminar apasionadamente sus contenidos más elevados. No lo medité—, se culpó.

—Hay una calidad de la acción.

En cuanto a la calidad de acción y moralidad con que los administradores conducen el país, el maestro Pérez en Cejo vio / que la enseñanza es simple: «*El acusador será acusado*».

—No vengo por ti. Pobre maestro de escuelas. Mi presa es mayor. Vengo por funcionarios mayores.

El follón soberanista de hoy, en el fondo, es falsear lo que dijo Matienzo Cintrón. Ser árbol seco que no acaba de reverdecer, porque no lo permitimos. Toro que, cuando aun muge, no embiste. Es el espectro del yanqui como represor. Es el mismo escenario. Se pone el puño golpeador e imperial en el rostro de quienes se empeñan en recordar el saldo histórico de la invasión. A ninguno le gusta hablar de los nacionalistas, de los asesinatos de Ponce y las hienas rientes son aquellas tan asustadas como las Conejillos de Indias de ayer, solo que ahora son las roedoras del colonialismo, enemigos potenciales, adversarios, contra los suyos...

... en algún aspecto, eres honesto, no *fequero* como te llamara Riverita. Lo eres porque avisas la guerra. Te ríes del enemigo. No lo destruyes. No llegas a tanto. Tú avisas que sirves a un imperio poderoso y prepotente. Te amparas en él Tienes que ser prepotente porque así es tu imperio... y te gustan esos valores de poderío y fuerza, te sientes nietzscheano, al menos con un sentido de misión... ARMY VALUES...

I am an American Soldier.
I am a warrior and a member of a team.
I serve the people of the United States
and live the Army Values.
I will always place the mission first.
I will never accept defeat.
I will never quit.
I will never leave a fallen comrade.

pero la verdad es ésta, Luis. Todo se cae. Te tocará caer con tu imperio y tus ideologías. Caer es sufrir. Yo he caído muchas veces y sólo así uno será fuerte... La patria que has admitido como tuya, allá en Missouri, allá donde naciste, no es la patria aquí. Los camaradas caídos aquí son Filiberto Ojeda Ríos, al que mataron muy anciano en Hormigueros, y son muchísimos en la historia... y dices con soberbia, 'nunca aceptaré la derrota / ni me rendiré'... Pues, carajo, Luis, y puede que sea este el último consejo que yo pueda darte, eso es un error. Hay días para perder y aceptar la derrota, días durante los cuales hay que aprender de nuevo todo lo que uno creyó que sabía, meditar para rendirse. Entregar lo viejo, lo arcaico...

LOS MALVIENTES EN EL REINO DE LA HIBRIDEZ

… De ordinario, la «no-esencia» designa la deformación de la esencia ya degradada… El Da-sein, en tanto que existe, engendra el primer y el más extenso no develamiento, la no-verdad propiamente dicha. La no-esencia original de la verdad es el misterio. La no-esencia no implica todavía aquí ese matiz de degradación que le asignamos desde que la esencia es entendida como universalidad (κοινον, γευος), como possibilitas [Ermöglichnug] y como su fundamento: **Martin Heidegger** [**De la Esencia de la Verdad,** 1952].

Al Mal Viviente, el muerto paraiso / o senta'o / que funciona y a quien, por sus averías y degradaciones, se le adjudican más defectos que los que tiene, lo llaman boricua. Le dicen que no tiene esencia, pero deja una mancha a donde quiera que va.

—Eso pasaba con mi padre cuando tenía tan intenso afán por su signo opuesto, escorpiones de picada profunda. Le gustaba que la hembra lo sedujera y cada vez dejaba que el deleite pasara a segundo plano. Fue su modo de indicar que hay un profundo poder trans-formador en la sexualidad y que, en trámite con escorpionas, se llega al misterio, no a rasera practicalidad.

Buscaba entonces a mujeres exóticas, místicas y magas, como las egipcias y me dijeron que yo nací de una de ellas... pero él era casado, con una cabrá enamorá como Sila y los mejores conocimientos y actividades de su vida en el campo le parecían los caprichos de una campesina o posesiva gallina culeca.

Sobre sus amores con una mujer exótica de pica profunda no puedo decir otra cosa:

—Eso es buscarse líos. Y líos de faldas son estridentes líos.

—Yo lo sé, Aldebarán. Una gitana lo dijo a mi padre: No es bueno que tenga muchos hijos... También yo soy hijo de un campesino que vio a la seductora fenicia. Era una tarántula de gran belleza y vino un día cuando el encanto de Europa seducía a los criollos, especialmente, al hacendado con tierra. Al rico.

Fueron tiempos en que con danzas de Morell Campos, Mislán Huertas y muchos otros se hacían hechizos. Una mujer, con atributos de Escorpio, con magia impregnada en sus velos y en una aparente mortalidad. Por ella, la doncella se doblegaba los imperios y se multiplicaban los apetitos.

Una doncella fenicia, tendía a sus pies al propios Zeus, rey de los dioses, y pobre de quien se enamorara de ella. El Rey de los promiscuos e insaciables cayó en sus brazos, mas ella fue la más bella.

¿Qué no decir sobre estudiantes de medicina, seducidos por sacerdotisas orientales o descendientes de Isis, o Europa? Algunos da nuestros bachilleres que tomaron rumbos para hacer sus carreras —Madrid,

Barcelona o Sevilla—nos cuentas sus historias sobre sagradas o infames seductoras? Estoy seguro que los Despojadores nos quitaron esa esencia. Y la victoria con el amor de la carne, el que de veras iba llenando el ojo. Desde el 1898, cuando tuvimos la esencia original y esta fue más que bandera. se nos arrima la no esencia y se nos tienta con cada chapucería. No quieren que otros / los naturales / vayan a las orillas, donde no lejos pacen o se echan en aburrido letargo las reses de los reyes.

Ahora veo cómo dormitan en los yates de los Don Nadie...

¿Saben a lo que temen? A salir de la hibridez. A veces se da el caso. Las hembras originarias / vírgenes puras / hallan sus verdaderos Toros Blancos,v separados de los demás animales; Hay pocos casos. Los toros dóciles son copias y engaño a los ojos y se inclinan a las simientes de las alharacas. Aquellos seres-SERES, tan originarios y virtuosos, no son como los que hoy yacen, corderiles, pues están enfermos de olvido y no son animales siquiera. No son seres, sino apariencias... La hibridez.

—¿Acaso te contaría tu padre una historia similar a la de Schein? ¿Sobre Zeus, decidido a conquistar / o tal vez violar o seducir / con malas mañas a una doncella fenicia? ¡La hermosa Europa! El Zeus se transformó en toro manso, toro hermoso y viril, matrero como pudo ser mi padre, antes de irse a la mierda y llegar al límite de sus aguantes... últimamente, hasta lo he soñado, a la postre cuando ya sé que murió como un hombre sin cojones.

—Don Ramón era un caradura... pero un consejo:

¡recuérdalo como si fuera un Toro Blanco! Si es el mismo cuento de Zeus y la fenicia, te diré en qué consiste la gracia de esas hembras cautivadoras que siempre tendrán a su favor la gente que es sólida, no espectral, gente que pudo entre bufidos de ira embestir como toro a los invasores... Son domadas, no por la Fenicia. O el signo opuesto. Si no por gestos de amor... Sí. Puede que Zeus, como Don Ramón, tu padre, haya sido el retrato de un caradura. Con más cara que espaldas.

—Y más pesado que echarse una vaca a los hombros...

—El detalle es que tu madre lo quiso. Y ella no salió del campo a buscarlo. Tenía una idea campesina del Olimpo y del valor de lo bello, o de un Toro fenicio. Esa virtud se fue a pique.

Un día el rey se quita la máscara y le dice quien es y a la campesina a casa con otro porque la sabe fascinada con un artilugo... Después de todo, el toro era pretexto. Lo importante de este cuento...El gesto de la hembra atraída ya por un bello animal que se fue de su rebaño. Al final ella se es la huye, adorna con flores sus cuernos y supera el miedo a sentarse sobre su lomo. El cruel fornicador / Zeus de tu cuento / o Don Ramón, tu padre, se enamoró de la niña y sus fascinaciones. Vivió tres años de amor con ella... Pero no hay engaños que duren para siempre... Un día el rey se quita la máscara y le dice a la fenicia quien; edifica un establo y casa para sus pasiones... Hasta hizo un establo para el animal y una casa para la fenicia. Vivió tres años de amor con ella... No le dijo que era una reina o tampoco la vaca para el toro que ha de darle hijos. Los engaños duran para siempre. Ella tendrá que hacer cambios en su vida... A todos compete quitarse la máscara y ser lo que puede ser... y lo hermoso al final es que Zuus le dijo quien es... y para la identidad: Se es una cosa a vez, la verdad es una... Esencia ya degradada, o su develamiento, es la falsedad que anula el mito.

Mayo de 1992

TE DIRE QUIEN SOY

a Sonia Migdalia Rosa...

«... Llámame a un behique y te diré quién soy... [...] y le pregunta: Dime quién eres y qué haces aquí y, que quieres de mí y por qué me has hecho llamar, 'Dios', si quieres que te corte o si quieres venir conmigo y cómo quieres que te lleve, que yo te construiré una heredad». **Fray Ramón Pané, Relación acerca de las antigüedades de los indios** (1498)

Antes de que Agüeybaná, Gran Sol de Borinken, entrara al bosquecillo, donde un árbol conversara con el poder del Yaya, en presencia del riachuelo de Jagua que recorre las orillas y la tiniebla esparcida en la noche, en ese monte donde pocos van (él es uno, por ser behiques) y almas tutelares de humanos perdidos que amaron sus cuerpos y ya no lo tienen, el Valiente Cacique invocó a la Gran Madre, cuyo nombre es Atabey.

—En aquella tierra, donde Jagua tiene su río más pequeño, voces líquidas como el llanto, hay un árbol que habla—, comenzó a decir Agüeybaná. —No es temor porque yo amo a Jagua, pero, un vecino se topó con el árbol y vino con espanto.

El árbol le dijo: —Llámate a un behique. Quiero que él sepa quién soy.

Y Agüeybaná percibió mucho miedo de aquel nitaíno, ha sido cauteloso e invoca a la misericordiosa Atabey, cuyas energías lo armonizan todo. El pudiera enviar a sus mejores behiques que laboran y bendicen el área de la bahía.

Mas es sabio y conoce las artes de hechiceros, como si fuera uno en la costumbre.

Él prefiere los asuntos administrativos y políticos del yucayeque.

Y el miedo que vio en aquel hombre lo tiene preocupado. No se atrevió a dar detalles; pero al árbol le urge decir quién es a los *behiques.*

—¡Qué simple, pero honesta es la gente de la naboría! que no dice con palabras lo que no entiende; pero, expresa su temor con los ojos y su temor con las manos! Quiero ir yo. Que no vaya un bochimchoso.

El mensaje fue escueto: 'Quiero que él sepa quién soy', y yo en ayunos, con pedidos en mi vejez, me preparo para dar bienvenida a una Alteza de rango y la sueño, como si la *cojoba* la pusiera ante mi presencia para que me arrodille y diga: —Baharí, Matumberí, humilde a tus pies estoy para servirte... Dime cómo complacerte. Desde antes de verte, percibí el olor de tu espíritu y del lugar del que vienes, y no es un mundo cercano, es un Lugar de Señores... Déjame aludirte como Baharí. Seguramente, él con Yaya tiene tratos y será bendición para nuestros *yucayeques.*

Y después de invocaciones y ruegos a Atabey, en cuclillas ante sus altares, la naboría le vio despidiéndose.

Fue una mañana.

Salía hacia un bosque, monte donde los árboles hablan en las noches y consuelan a ríos que parece que lloran por las penas de Jagua. Quien haya sido Jagua, diosa o cacique, debió ser muy hermosa, sentimental y amada porque los montes la lloran y la noche ahuyenta a quienes ven sus ríos, sus transformados gimos, y no se compadecen.

Caminó días, esperó la noche, cuando los primeros indicios se vieron del río. Y como un grito de victoria, su corazón dijo: —'Manikato, voy a conocer el árbol de Baharí y le diré, 'mi alteza', Matumberi.

Y sacó de un bolso de henequén que llevó consigo, un harpón que tenía tallado en madera y piedra y la concha de un concha de caracol, que era la más hermosa que tenía para escuchar qué rumora un caracol, transmitiendo al dios invisible después de la inhalación de *cojoba...* y cuando puso a la orilla del río, sus obsequios. Se hizo noche de golpe o se detuvo el tiempo. Y sintió cómo unas ramas se agitaban con su intenso trémulo, aunque no había ni frío ni brisa. Sólo la deliciosa calma de un pensamiento refugiado en misericordia de Atabey, Madre Tierra de los taínos de Borinken.

— Valiente / taíno—, le dijo árbol.

— Dime quién eres y qué haces aquí, si tu reino es Baharí... ¡Alteza, te he soñado, antes que me mandaras a buscar con un hombre miedoso! Dime qué quieres de mí y por qué me has hecho llamar, dio'.

—Valiente / taíno, sí que eres bueno y generoso y yo, en cambio, cautivo en un árbol para poder hacerte virtud y favorecerte—, le dijo árbol.

—No soy tal vez quien imaginas; pero, al menos, custodio a mi princesa de Cuba el río que regaló a tus campos.

—Entonces, dime quién eres... Y si quieres que te corte o si quieres venir conmigo y cómo quieres que te lleve, que yo te construiré una heredad y te haré caoba para mis altares».

—*Guamá* es mi nombre y, si honras con tu deseo de liberar mi alma del cautiverio en el árbol, te seré aliado cuando inicie la guerra (1511); te diré a quién esperas... porque, valiente como tu sobrino eres, a él, a quien se le llamará *El bravo* porque la alteza del Baharí que esperas entrará en él; y será llamado dios-espíritu cuando definitivamente se quede como palabra cósmica y principio... Tú, Gran Sol, verás demonios blancos. Por cortesía, les darás la bienvenida y, calculando en tus sabidurías, él querrá tu nombre y escuchar tu *areito*. Tu nombre no se lo ofrezcas, ni con areitos los honres, son invasores... y purifica las cuevas donde entierres a tu madre y la madre de tu sobrino porque el Demonio Blanco le dio el nombre de Doña Inés; pero ha escupido sobre el rito y no lo entiende. Ha maldito en privado los huesos de nuestros vivos, Imagina que hará cuando, al morir, trascendamos, si acaso nos descubriera en la brisa o hablando con un ombligo oculto desde un árbol... Valiente / taíno, busca al *behique* más sabio y te diré quién soy. Llama al artesano que con el árbol me haga un *dujo, ditas* y *jitacas*, para llevárselas de regalo a Casiguaya, mi enamorada, con quien pienso casarme... Y dame un garrote, armas con tu bendición para la batalla porque viene un *Guamikena Blanco* y Yuquibo, Yureibo y Cacimar nos darán el ejemplo, saliendo a la autodefensa por razón identitaria de la isla. A quien viene y diste bienvenida combatiremos porque no es pueblo bueno. Tampoco son inmortales. No son dioses generosos. Vienen a matarnos, si antes no los matamos a ellos.

Agüeybaná entristeció por todo lo escuchado. Mandó a talar el árbol para que el príncipe Guamá fuera libre y llevara obsequios a su amada. El río dejó de llorar. No volvieron a escucharse conversatorios de espíritus en la noche.

Y, efectivamente, en 1511, comenzó la guerra en Borinken. También en otras islas del Caribe.

Está por discutirse si los demonios ganaron. Ya cacique, al cabo de los años, Guamá, señor de Baracoa, dijo que los invasores no se quedarán con Cuba ni con Borinken.

Oliguama, su hermano, por el contrario, afirmó que sí, el futuro no existe y el presente es derrota y fue el último en asegurarlo. A Guamá lo traicionó y asesinó con sus propias manos.

En el trecho final, respecto a lo que la naboría con Pané en Quisqueya discute, allá es lo mismo. Y hay un detalle interesante. Con la muerte de Guamá, la captura en 1521 de su esposa Casiguaya, su propia acción desencarnadora, ella voló de Cuba al mismo monte de Jagua, al mismo río de Borinken, como se cita ahora, y el río volvió a llorar en las noches y el árbol dialoga que te dialoga. O se entrega a soliloquios si no hay seres invisibles que lo escuchen.

Empero, las almas nobles, buenas y valientes de

ancestrales taínos, escuchan. Un árbol habla y dice: — Llámate a un *behique,* que corrobore cuanta diga y te diré quién soy— .

Casiguaya también hablaría sobre cómo se suicidó, colgándose de un árbol.

El río llora porque a Guamá lo mató un escorpión con su ponzoña.

08-11-2007

PEDAGOGIA COLONIAL

Ahora se ha dejado discutir política. Hay un jovencillo que oye y quiere armarse de florete. La madre, con estrategia diplomática, se imagina en la situación de Hécuba cuando exclamara ante la visión del pequeño cuerpo inerte del hijo de Héctor y, como ella, está el hermano que es mucho más conservador: —Quien predica irse a la manigua lo que practica es matricidio. No se puede matar la Madre Patria...

—Pero, esposo mío, tampoco se haga caso a la bruja ignorancia que moviendo adivinanzas argumenta que Troya será destruida si Paris quedara vivo después del augurio.

Lo que está como destino en la fuerza se cumple...

—Aquí la fuerza, lo digo con el permiso de Dios, la verdadera Desmesura es José Laureano...

—Cállate que el Teniente Sanz tiene oídos. Tiene dos bocas venenosas para el mal aconsejo a cada lado de la oreja—, y parecía referirse a Hécuba y su hermano Deífobo, quienes intentaron matar a París.

Bueno, ya en la Casa Abril-Ostaló, no se sabe dónde radica un verdadero peligro.

A quien llamaran Marianito ha crecido en este hogar,

donde se leen las tragedias de Eurípides y se contrastan las escenas con realidades, no las que viven los aqueos y troyanos, o las Hécubas y las Casandras. Se habla de España y su colonia como es. Si con mayores estudios, su madurez y disciplina que son los años que le dan, por más teoría que absorbamos, él no aprende a conocer, o descifrar los códigos le serán siendo secretos. Las realidades que preocupan a su madre son las cotidianas.

La Troya, la *dueña de Asia,* la legendaria ciudad que inmortalizó la epopeya homérica, la fundada en la llanura del Escamandro por *Ilo,* hijo del Rey Tros, no cuaja con los detalles que procuran los vecinos con corazón de escarabajo, y que viven al pendiente. Ellos raramente salen de las honduras desconocidas y se imaginan como en la caverna que, desde sus burbujas subterráneas, donde no hay agua pura, meramente sombras que en el mundo / su mundo español, grecolatino de pan y circo / todo es gloria. Fuera de la cueva, si no hay traición, al parecer, hay un sol que ciega, deslumbra y los habitantes ni percibe perciben el peligro. Los invasores sí.

Se trata del tricobotrio, órgano con el que reconocen las vibraciones. En estas regiones infernales, donde ya Príamo, el noble y su linaje, y los originarios despabilados desaparecieron definitivamente, quedaron más las cucarachas. Y los administradores de este instrumento escorpiónico, su par de ojos medriales y hasta cinco ojos simples, más pequeños, que coauxilian el tricobotrio. Ya las almas están agusanadas y a la Ciudad Murada, sus espacios, aún limpios, verdes, hermosos, las traicionaría, la echan a perder con sus asedios

—Así destruyeron a Troya—, declaro ella, mientras él mueve la cabeza desaprobativamente.

Marianito es feliz porque su madre tiene en la imaginación muchos prodigios, la pareja se quiere. Buen modelo de incondicional sentimentalismo tiene su progenitor que la soporta, la consiente, sin darle la razón. La reprende. Y ella carga sus dardos:

—Comemos mierda como los escorpiones, no sólo insectos y cucarachas, mal aprendimos a administrar el excremento en la colonia.

La mujer —aguda como ninguna— si se sospecha la traición y este proceso de espionaje y decadencia, no es la cucaracha colonial que cava / hasta en un máximo de cincuenta centímetros de distancia / es vista, oída y condenada por escorpiones que van y la devoran.

—Hubo una vez— dice ella a Mariano— el otrora y original reino de Ilión, rebautizado como Troya, se parecía a un paraíso. Imagina, Marianito, un *puerto rico,* allí un rey con dignidad (llámalo Príamo), Hécuba, madre-patria sensitiva que muestra la desesperación de los vencidos. *Arde Ilión, ¡gimamos!* y por el destino de cada troyana, se llora... un destino que no será otro que enfrentar, por marido a nuevos escorpiones, y degollar a originarios y nativos patriotas y que, en realidad, ¿qué son? Gente que no ha querido, ni en su raíz, el cimiento de la tierra.

—¿Quien es Hécuba, mamá?

—Exreina de Troya, ahora esclava de Ulises. Esposa de Príamo. Aprende el mito. Una reina pierde su estatus, su dignidad, en la rodada del material de la vida. Hoy arriba y en la tarde, abajo. La guerra baja a la reina a sierva y si la gente es feliz, si conoce el dolor y no se conmueve, hay un descenso humano.

Aludiendo a la ex-reina comentaba:

—No me hagan reina ni tenga yo tronos y rangos. Me bastaría con tener en mí misma por maestro honesto, la inteligencia... A mi esposo siempre le ofrecía una lengua silenciosa y un aspecto sereno... Un día lo entenderás. Mariano. En Troya, como en Borinquen. hasta las reinas y las princesas pierden su dignidad y el respeto que se les debe.

ROMANCE DE DON HERMINIO

A Herminio Méndez Pérez (1876-1964)\

¡Sé que todo se acaba!
Pasan los días y, al correr de los años,
la vida es nada; pasan con el tiempo
mis alegrías como pasa
el reflejo de una alborada.
[...]
Ya no quedan recuerdos de corazones...
se extinguieron del pecho sombras livianas.

[**Añoranzas**, Herminio Méndez Pérez,
en: **Estampas del Pepino**, ps. 48-50]

Me hallo tus poemas dondequiera, tu Yo añorador, con sueños perdidos, cercenadas estrofas. Efectivos vestigios de la angustia, tú los vacías en olvidos, en cualquier hoja de estrasa, y para secar el llanto de tu alma, escribes Cielo, Derrumbe, Soledad, miseria. Incomprensión. Frustraciones.

Eres la nostalgia en carne viva, el verso como palabra flotante, maestro, textos que vuelan por senderos de Pozas. En bolsas de supermercado el gesto humano a riesgo de perderse, en gavetas de roperos la ilusión de tu Decir, la bohemia y se escurre, residual fantasma del Pueblo.

[Ya nada es igual], don Herminio, porque estás viejo y contigo no se cuenta para nada, tan sólo para el beso de la corsa porque las memorias de los hijos que se fueron son privadas y son tuyas y duelen... Así de trágica es la pobreza, la vejez, el orgullo, la conspiración que te va sepultando, con los días y este medio-vivir enfermo de tristeza.

Eras el más exigente de aquellos que vieron la pepinianidad en entredicho, las partidas, el pobre harto y cejo a cejo encarado, la historia patria en el galope colonial, desfigurante, tú, el discípulo del Cura Manuel Durán, el más sabio para darte a Beber del Alfabeto y la Fe de los Templos. Y cerca estabas de Moncho la Lira que enseñaba la memoria fracturándose de alcoholes, el amor desdichado prosternado donde se pierde musa y verso. Era bueno que lo consolaras por un poquito de su conocimiento.

Y dijiste: —Yo soy afortunado, regreso desde Harvard— y, aún está el poeta-amigo, Ramón María que te oye; a él confesarás que la amas, tras conocerla en el campus.

—No vengo solo. ¡Qué dicha! Tengo un amor en Utuado.

Ambos, maestros de lujo para el campo seremos, dijiste. —Que estoy enamorado de la hija de un banquero y no sé cómo le haré para que abran la puerta de su casa. Si el destino a mi lado la puso, siendo yo pobre, ¿cómo decir: No quiero?

Y por la escuela rural de niños harapientos, han trabajado y todo el campo les ama. Herminio, con Camelia... por Utuado, se alega que pulula su verso y lo ven sospechosamente rumbo a campo y Pueblo. Estos Santoni-Rodríguez hijos predilectos / con el nuevo siglo son y serán empresarios, abogados, hoteleros, fundadores de bancos y cinemas, playboys / la envidia / los señores / los usted / lo mío y lo suyo / separado.

—Usted, con Camelia no me juegue al póker ni suba al Casino del Pepino—. Como si fuera al hijo de Mislán, Moncho el bastardo, el trato se le dieron a distancia y se sintió un poeta flaco, saturnino, heterodoxo, inadecuado con el mal del siglo.

—¿Te digo, Moncho Lira?—, los viejos de la Plaza que te amaron no son como los jóvenes que veo. No son como Andrés ni Manolo (Méndez Liciaga} que tenían El Regional y La Central como almas / motores tan fraternos, en tertulia nocturna y clandestina. ¡Qué buenos aquellos tiempos de botica, con dulce bronca, habla directa, con la mirada en alto! Sí, aunque no había acueductos apenas la luz te la daba Don Mingo, el farolero.

¡Qué buenas las Charcas, El Barandillo y El Peñón de la Palabra Poesía! y la gente que escuchaba
y fue feliz y te quiso; hoy, paradójicamente, vienen a ofrecer el voto y es el mismo *hijodeputa* que te humilla, te abraza en las Alianzas, te miente con la Ley # 74, te legaliza el voto femenino; se esconde en Los Corrales de Chilín el de Eneas, y te compra la consciencia y la Alcaldía, pero, ¿sabes? Esto no es sólo aquí, esta es la colonia, toda la patria. (Manuel A. García Méndez, sabe

que todo da igual). El ignorante que no vote y coma menos porque hay barreras de ley por alfabetismo y por pobre...

Ahora, tanto tiempo después, son tus hijos quienes describen, en rigor, lo entronizado en este Puerto Rico: la anonimia, la indiferencia, la apatía «y yo lo entiendo porque Félix, abogado lo dice con todo lo preciso de su ley y presunción de clase»: Herminio, qué afortunado has sido tú al casarte con la hija de un banquero,

qué afortunado tu hijo que pinta, sin preocuparse del hambre de los pobres, qué afortunado Miguel, el abogado, Pello, todo los Santoni... en algunos el prestigio con que la mente se premia está en hoteles, en teatros, en agencias de seguro y en bufetes... y la puta vida, en su tristeza, está en las manos de Getulio, Chilín, Oronoz, los García Méndez; ellos te ponen ojos martirizados, cara de zopenco, te visten de humillación de la mañana a la tarde y solicitan en secreto: —Cuidado que lo digas. De esto no escribas versos ni hables...

Estás ya, con ocho hijos, temeroso de pedir prestado al fundador del banco, a Tati, tu cuñado, ni lo busques porque esta gente está ocupada en otras cosas y es como es, así, incapaz de agradecerlo que esconde tu palabra en la cotidiana rabia de la patria perdida y la economía privilegiada de tú en tu lugar y yo en el mío, tu el muerto de hambre y yo, el señor, dueño del banco y la aseguradora, el magnate, el dólar, el prestigio ...

... porque más tarde nadie escuchará la fervorosa palabra que tú clamas y tu hijo lo sabe y se quiere... volar los sesos, o pintar ese anhelo tenebroso en las paredes del banco de su tío.

Entonces, escribes tu mensaje para nadie, para los sepulcros, tiras el poema en la primera quebradura, lo dejas caer en los cruces de camino, lo desapareces en libros que jamás se editan, se imprimen, se comentan... porque así se esconde en lo invisible lo que desde tiempo acá has vivido cavilando; te tragas los sueños perdidos en este coloniaje de la angustia. Es difícil vivir así, papá.

Herminio, ya no hay cartas / ni dinero alguno/ para jugar en el Casino ni hay un piano en tu casa para escuchar tus dedos; la Patria se ha llenado de mendigos, no hay riqueza ni café en Utuado, no hay un banco con crédito a tu nombre. Las mismas niñas hermosas de Santoni se instruyeron para decirte: «No pidas, no te humilles» porque éstos que llamaste mis hermanos son dispares, son un nuevo puertorrico-vendepatria; quieren que escribas discursos a Barbosa, que te olvides de loar la Luna, y pienses en el eclipse del bolsillo, porque no te casaste con una pringajosa rabisa de la calle o tísica jibarilla de los campos. Te robaste a Camelia del corazón de su padre y ni Santoni ni Rodríguez te perdonan...

... ahora sólo hay ambición sin esfuerzo. La perseverancia se ha suplantado con ínfulas y frivolidades y, en vano, añoras te pasas tiempos idos, tiempos que no tienen la savia hispánica de tu patriotismo / ni un diploma de Harvard, Herminio, menos aquella alegría de vivir y ambicionar que tenías tú, junto a Felipe Janer, tu maestro, y es que la Invasión lo cambió todo y, desde el 1924 y desde la Depresión el Partido de la Unión desechó la independencia y desde el '30, con La Mogolla, tú, con toda esa simiente de Camelia, eres pobre, vas abajo, (¡así, como quien suelta su ideal al sumidero, así como tú que engavetas poemas como non-gratos espectros de añoranzas) y es que muerto, don Andrés, querido confidente de tus cuitas, todo parece dar lo mismo, es que ser Liberal es ya ser mofa en los predios de Poza y Echeandía... pero, a tí, estudiante de Harvard, hispanista de hueso colorado, te necesitan para que hables de anexión y amores por el amo.

Ahora con ocho hijos que te dio Camelia Santoni, la maestra, te sientes un extraño. ¿Dónde está tu alegría? ¿dónde escribes el verso a quien vio, desde Cambridge, tu talento, tu cómica maniobra en las veladas, tus hábiles manos para el póker?

————

NOTA DEL EDITOR: Herminio Méndez Pérez nació en el barrio Pozas, de San Sebastián (Puerto Rico), el 25 de abril de 1876. Estudió con un sacerdote sabio y generoso, Manuel Durand, el educador Felipe Janer y más tarde fue enviado a San Juan, donde asistió a los cursos en la Casa de Beneficencia. Antes de mudarse a San Juan, trabó AMISTAD con el poeta más dotado en la época, Ramón María Torres, apodado *Moncho La Lira*. Al ocurrir la Invasión Americana de 1898, es becado y es enviado a Harvard, donde se diploma de Español y Gramática Española.

EL FILOSOFO DESENGAñADO

El filósofo de carita rechoncha, el incómodo tertuliador y admirador de Voltaire y Racine, regresó a España. Sus viejos amigos de Sevilla se sorprendieron al ver que llegara. El se metió en sus escondites, en su biblioteca, y evitó la luz pública como una cucaracha atemorizada. Para gruñir a su obra y contra su persona como administrador, había sido Oidor de Lima, y se lo acusó de ladrón, malversador y, entre pioneros de un pensamiento iluminista, entre quienes quiso incluirse, un por un movimiento autonomista se le arrancó del mismo Perú lo tuvo en la mira. Dicho sea en verdad, Pablo Antonio de Olavide no tuvo miedo de nadie. Ahora parece que sí.

Hoy es un conversador triste, lacónico, sin pasión y, sobre todo, con muy pocas sonrisas en un rostro, otrora vez simpático, que encendía el fervor en su cuerpo gordiflón.

—Hay que amar al indio, no sólo vestirse de enciclopedismo—, le dijeron en París antes que huyera, revolcándose otra vez en la fe católica y que escribiera su petición de perdón a la nación española que representaba el Rey y las Cortes: *El evangelio en triunfo o historia de un filósofo desengañado,* 1797.

En 1752, se presentó en España para buscar quien lo librara de muchísimas quejas coloniales sobre él, o más bien, de las culpas que lo amargaron por la zozobra que supone ser quien da un pasito para adelante y dos para atrás. Si robó, dijeron entonces, bien que lo ha escondido. Tendría su tesorito muy guardado en Francia.

El Conde de Aranda lo protegió, aunque sí lo apresaron en aras de comenzar a investigarlo. —Dios fue quien me hizo llorar en una celda—, alegó. Y no creyó, en ese momento, que le quedaran amigos. El filósofo no es ñango ni un babieca; pero, moralmente, vino calamitoso. Hecho una odrina. De Perú no quiso, ya ni saber nada. Y decía que, de bienes materiales, sólo la camisa que viste entre rejas.

—Soy un intelectual, no un revolucionario. Un filósofo que, por accidente, fui a parar a un convento—, en momentos en que se lee la Pamela de Samuel Richardson, Las cuitas del joven Werther de Goethe o La Nouvelle Heloise de Rousseau. Ahora se consuela leyendo la Oda de la ninfa de Sena. Lo afrancesado no se lo van a quitar, porque, como dijera en las Tertulias de neoclásicos, en Madrid, incluyendo la que visitó, la de Jovellanos, es él una tardía, o más reciente prolongación de Racine (1639-99), aquel estudioso a la sombra de Los Solitarios de Port Royal y que, siendo el amante de una actriz escribió para ella.

El Conde de Aranda se conmovió. Don Pablo habría querido dar cara a sus acusadores. Sólo que se le amara, como en Francia y en otros lugares de Europa, no en España. En aquella polémica de las Letras imaginarias de

1666, triste fue que se identificara su prospectiva vida del estafador.

No, él no es un lector de cuitas de románticos desdichados. No es como Werther. No se meterá un balazo. Ama la poesía, sí, pero la naturaleza no... La geografía agrede, se come y rivaliza a los hombres. Y la pobreza se ríe del que sea más tonto. En materia moral, si amara a Carlota, novia de un amigo, él diría:

—Hay muchas otras para que elija. No creo en suicidios por amor. A España no traeré una moda de amores desdichados. Racine es más útil. Andrómaca, Ifigenia, Berenice: mis modelos, mi reflexión acerca de la mujer.

—Berenice, por amor, rechaza el suicidio y el purgatorio. Entiende la razón de Estado. Es una judía que se ubica. Berenice es una opinión que salva a España, como en su decisión salvara al Emperador de Roma, a Tito y Antíoco—, comentó el Conde de Aranda.

Y, para hacer algo por Don Pablo y su obsesión afrancesada, lo enviaron muy lejos de Madrid con un cargo de Intendente de los cuatro reinos de Andalucía. Antes que fundara una Tertulia en Sevilla, organizó trece poblaciones que apoyaron el proyecto de instalar colonos extranjeros en Sierra Morena.

Ahora es defensor de extranjerías. Le gusta la gente blanca, aún para lavar racialmente el al Vandalus. Le gustan las Berenices que, aún con su amor desesperado, declaran: —Roma no acepta como sus soberanas ni judías ni árabes ni incaicas ni egipcias.

Dicho sea en verdad, Pablo Antonio de Olavide no tuvo miedo de nadie. Ahora parece que sí. Hoy es un conversador triste, lacónico, sin pasión y, sobre todo, con muy pocas sonrisas en un rostro, otrora vez simpático, que encendía el fervor en su cuerpo gordiflón.

—¿Qué ha pasado, don Pablo?—, le preguntan a quien, por causa de La Tertulia, que organizó en 1769, la Inquisición lo acusó de ateo, inmoral, liberal y corruptor de su comunidad. La gente culta y amorosa de Sevilla lo quiso y lo ayudó a irse a Francia cuando el Tribunal de espiones, o gente encapuchada en oscura temeridad, quiso examinar sus pasos y seguirlo hasta en su necesidad mayor, cagado por el enojo, o con la prisa de echar su mierda como agüilita.

Distanciaron a muchos amigos suyos antes de llamarlo el corruptor, agente del Diablo, pro-francés, enemigo de los intereses nacionales y del Rey. —Pero, ¿qué intereses nacionales tiene este país que valga la pena de defender si el único que opina y al que se deja opinar es al Rey y su camarilla de malandros?—, dijo airado y ya colmada la copa de su paciencia.

Había hecho ya fortuna. Posiblemente, por que saber cómo cometer sus estafas y esconder la mano, navegar en las cortes. Después de Oidor fue Intendente y había mordido en trece poblaciones por cuatro rumbos de Andalucía. Mas un personaje que él elija de Racine lo salva. Sabe ir dónde el Conde Aranda con un personaje, uno cada vez. Lo dilucida. Andrómaca es amor conyugal, Aranda, y Racine dice, —si la oprimes por celos, si le matas sus hijos, aténte a la locura, Hermione. Los remordimientos son un castigo de Dios para quien ataca la estructura sagrada del matrimonio.

—España ha sido injusta contigo, Don Pablo—, le dijo.

Y eso que dudan: Don Pablo halaga con la boca. Con la cola es que muerde. —¿Acaso no fue humillado con el primer encarcelamiento?—, preguntó un tronzudo. Esa enemistad no la entiende. Mediante cartas, se come el mundo de un bocado. Mezcla su sentimiento con las fantasías. Don Pablo sufrió, poco después de 1794, había sufrido un encartamiento. Cayó víctima en Orleáns del Terror Jacobino; él, Don Pablito, quien fue uno de los Ciudadanos Adoptivos de la República francesa, amigo de Diderot, D' Alambert y Voltaire y en los salones franceses contertulio de Marivaux, Marmontel y el rococolero de Boucher.

También se le reconoció como teatrero y que en Madrid abrió un salón y presentó la Zaire de Voltaire y la Merope de Maffei, así lo condenó un hombrecillo, casi encapuchado.

—Y la Phédre de Racine—, se jactó Olavide.

—Usted al parecer no agradece, ladrón de limas.

—Juro que no lo entiendo.

—¡Mire! ¡Ya que menciona la *Phédre,* de Racine, digo que las mujeres a coser y bordar!

Trágico detalle, el día que tuvo el exabrupto en La Tertulia, estuvo una mosca muerta. Seguramente, es éste. ¡Ese que le dijo ladrón de limas, pero que bien sabe lo que dijo! Un traidor siquitrillado, correveidile de los intereses nacionales. Por causa suya es que algunos lo llaman, cuando no Ladrón de Lima, Don Guindo Cerezo.

—Traigan a sus señoras; éste es un gran creador de personajes femeninos. La cumbre de su talento fue

Phédre— y, para que la invitación que propuso progresara, él recordó a los sevillanos que la adaptó en versión española para un saloncillo que organizó en Madrid, al que el mismo Gaspar de Jovellanos asistió.

03-12-1990

CAIDO EN LA HYBRIS / DESMESURA

«Ahora que la ciudad ha sido tomada y destruidos los frigios, tenéis miedo de un niño pequeño. No alabo el miedo de quien teme reflexionar»
Eurípides, Las Troyanas

Apenas cuando tenía ocho años de edad, en la casa de sus padres, describieron el asedio de Troya y un caciquismo que desde dentro corrompe y desde afuera se traga a la niñez. No tenían que decir al pequeño Mariano que oye y no se mama el dedo que en Lares brotó violencia. En la Plaza de Pepino, se tendieron abaleados los cadáveres de algunos campesinos y hubo una secuela de miles de arrestos por la parte occidental de la isla. Es curioso que se narraban estas cosas como si se tratara de representar en la casa, con puros allegados de la mayor confianza, los corifeos de la Tragedia.

En tiempo de intimidación, discutir la política es un arte.

—En Lares ardió Troya— y, de vez en cuando, al mirarse hacia el niño, lo compadecían. Todavía no estaba olvidado el asunto de 1868, momento en que el

Cordero se levantó de su eñangotamiento y no le temblaron las rodillas.

—Seamos discretos, por favor.

Digamos que cuchillean, hablan bajito y Mariano no entiende...

—Es que eres apenas un crío para estos asuntos tan graves—, lo ubica el padre. Quiere ser prudente.

—¿Hablan de la guerra?

—¿¿De violencia en Lares?

Lo negaron.

—No. De algo que suele decir nuestro Ministro en España: «Ni está la guerra en mis principios, ni lo está en mi carácter, ni en mi modo de ser», y Don Mariano suplico a su mujer silencio. Mentir y negar su naturaleza de troyana...

Había vigente el segundo periodo en la gobernación de Sanz y Possé (1822 - 1898) que volvió en 1875, con su estilo de Hybris. Tenía ideas conservadoras, lo que en términos práctico significa que se comporta muy propenso a eliminar los derechos individuales y las diputaciones.

—Por de pronto, te hace un puente y acullá funda el banco, pero el costo es arrancar a los independentistas de cuajo. Reprimir a la población...

—Mujer, no a toda la población. A facinerosos, a esclavos incendiarios...

—Como yo le dije al nene, cuando crezcas, no te vuelvas una cucaracha aplastada. Si te van a partir el carapacho, por lo menos cruje y no seas asesino solitario, noctámbulo resentido, declara la causa y en la mañana, con otra cara maldice cada vez que te arropas con la bandera de los servilones...

—No exageres..

—Déjalo que vaya aprendiendo de Prim y Cánovas...

—Es que un chicuelo de once años de edad debe ser lo que es: un chico, no un cadete.

—Pues esa es la historia de José Laureano Sanz. Entró en la Armada a los 11 y ya, a los catorce años, era subteniente...

—Esa es la historia de Troya y esa legión de comandantes sin ternura...

En puntos de reunión, sin esquinas calientes todavía en las calles, dijeron que puso el orden y trajo el progreso. Apoyó a la creación de un banco en Puerto Rico y estableció un empréstito para satisfacer las necesidades del Tesoro. Si bien desató un alza en los impuestos sobre los productos agrícolas, la clase comerciante en San Juan («donde importa, o vivimos aplaudía», reflexiona Abril, el Canovista). El mandato de Sanz y Possé, o el Santo Posé, comenzó con su publicación del decreto que devolvía la representación en Cortes al archipiélago. Y una vez establecida la Guardia Civil en el archipiélago, reorganizó el de Voluntarios e impulsó las condecoraciones y títulos nobiliarios a la gente que tuvieran un notable sentimiento español.

—Lo que tú siempre has querido y pide al Santo Pozo de rutas oscuras un título de Escorpión... el derecho a censurar las gacetas que se atrevan a decir un pío. Este es el mundo idea de los nuevos escorpiones... y una vez, asesinado Prim, como antes El Empecinado, la política colonial, sin oposición, retomó sus cauces arcaicos, alza de los impuestos por políticos y poder de los caciques, riñas entre saboyanos y carlistas de la Casa Borbón—, se despachó la madre.

Con el tiempo, fue la cuchara grande la boca de Mariano. El padre, en la defensiva.

—... sólo le dije a tu madre sé comedida. Guarda silencio porque yo, sea como sea, trabajo para el gobierno y, si sueltas sapos y culebras por esa linda boca, mi viejita, nos fuñen y, si esa es la verdad, échasela a las mandíbulas de los humanoides que llegaron y que viera Gilgamesh... Que hay si hay un hombre comedido... bueno, no es Sanz. Yo no lo defiendo. Lo que apuesto como bien para el país lo representa el Ministro Cánovas, que en el Ateneo de Madrid y en el Parlamento, donde quiera que se para, define muy bien lo que nos pasa en la colonia: «*La libertad y la justicia, cuando no es sometida a la autoridad, se vuelve pura anarquía. La tradición de los ricos es el pilar de la enseñanza y las señas de identidad. La monarquía borbónica es la fuente de la vida y el progreso. El catolicismo: la suprema e incontestable verdad, principio y fin de la moral y la ciencia*», pero, mi viejita es contraria a ese en credo. Sueña con escorpiones invasores porque su padre es de cáscara amarga...

Que le haya dicho que sea prudente no es que quiera la censura en la casa... —yo no he cortado la lengua, a ninguno y no es osadía si, a puertas cerradas, dialogamos, nos escucharemos porque la monarquía es represiva y sin acudir a decirlo con señas y códigos secretos, pongo puntos en las íes... es para que los nenes y adolescentes no oigan. Es por la seguridad de todos. El primero que lamento la actitud del Gobernaddor Sanz y cómo hostigara a Baldorioty soy yo... Odio la crueldad de los vencedores, —que, en su desmesura (hybris), no tienen piedad con los vencidos.

La familia sanjuanera, culta, ni pudiente, jamás miseriosa, sigue el instinto de la política. Todos leen, opinan y pormenorizan. Dan el mejor ambiente para que Mariano sea avispado... pero anteponen el pragmatismo: *«sólo hasta donde convenga».* No hay que declararse liberal-republicano, o separatista calvatrueno, como Betances o Ruiz Belvis. —Dosifiquemos el civismo valiente. A nadie, con pequeños, conviene la guerra. A nadie con negocios. Conviene que no arda Troya...

Y, como buena madre, de corazón troyano, como dice que es el suyo, la mujer de Ostaló declara: —Las guerras, como las revoluciones, ni siquiera tienen consideración con los niños.

Es el pacifismo humanitario que tiene en los huesos, su anticipación al Coro lamentoso de las mujeres en las obras de Eurípides.

«Tienes un pacifismo literario», como dice su esposo. Para él, hay circunstancias de intrusiones de enemigos, y a estos hay que darles duro. Abril, el viejo conservador, es ese que aún diciéndose sensato defiende la guerra [contra Cuba], y que sufran las hembras, está mal... deja que los negros se maten entre ellos.

«Ah sí son mi familia, o blancas princesitas la que se toman como esclavas, y las reparten, mal casándolas con agresores, pues que no sea ella, ni mi mujer ni hijas, ni una Ostaló en cuyos discursos se revela su fibra de Casandra».

—*El hombre sensato debe evitar la guerra, pero si va*

a ella el morir con honor no es corona deshonrosa, en tanto que es deshonroso el morir de forma indigna.

Del General Romualdo Palacios González se habló mucho en 1887. Aplicó el Componte y llenó barracas con prisioneros políticos en calabozos de Ponce y las celdas favoritas en el fortín de San Felipe del Morro en San Juan. —Un hombre como Román Baldorioty de Castro, un amigo personal, no merecía ni despidos ni destierros, sí nos tocaron de cerca; pero, ¿acaso peor /menos gratos que la reprimenda es que le apliquen látigos, o palillos entre las uñas o el garrote?

Historia vieja. Ya padre y madre se han ido, aunque antes le dijo:

—Me quejé con José Gamir, Emilio March y Sabás... ¿sabes por qué? Se han metido contigo y eso es lo que ha enfermado a tu madre... sí. Enferman esos fantasmas de poder que tienen apariencia de escarabajos y pican duro.

LA FIERA SANTA Y EL PODER
EN LA MADRIGUERA

El curita lujurioso del Pueblito de Las Vegas y los mogotes fue como un individualista fisiócratico. Encarnación de François Quesnay. A lo único que profesó sus respetos inveterados fue a la santidad de la propiedad privada. Alegaría, bien visto, para publico conocimiento y prospectivo decreto: Que no hay un derecho natural de todos los hombres —llámense sus parroquiano católicos o sus vecinos, anarcos, ateos y pecadores—, hacia todas las cosas.

El derecho es una sotana natural cosida con la tela de los límites.

Uno puede ser pájaro, con alas para el cielo, pero no es dueño de los soles y quien vuela muy alto se quema, o se lo traga un huracán en la lontananza.

—Entiéndase el límite—. El pájaro — y todos somos pájaros en la metáfora de Aponte— debe lanzarse de pecho, pico abajo a donde están los insectos y éstos no vuelan por el aire. —Sepa lo que son los derechos y el principio que, en rigor, los guía: la utilidad. Sobre la fiera utilidad de la que Aponte homiliza, no es definición que quepa la de Bentham, «la mayor felicidad para el mayor número posible de personas».

Aponte, fiera santa y lujuriosa del Pueblo, sirve a una élite. Hábitat que llama su madriguera, la élite de los Oronoz, Iparraguirre, Franco, Caballero, Hernández y Rodríguez Cabrero. Juntos definían el derecho y lo limitan a lo atrapable. *«Al que se deje atrapar, al que no pueda evitar que lo atrapen y a los que más abundan, los pendejos».*

Hay que vivir de los gorgojos, si se es pájaro, y hay ser calculadamente fiable, escéptico, para no creerse con demasiadas alas de trascendencia, espiritual en extremo, cuando somos cuerpos, organismos mortales.

—Nuestro derecho natural es esencialmente hacia las cosas adecuadas, terrenales, materialmente utilizables, finitas, cosas del gorgojo mortal que son las mayorías y, aún nosotros mismos. Lo somos, no nos envanezcamos. Que se cae hasta el mismo Cristo de la Divina Concepción. alta y colgada en cuadros del Altar Mayor. Se descabezó así hasta la hija prudente, Alicia la Beata, hija del Dr. Franco.

—Mas, nosotros, como administradores, siendo fieras, santos como ella, fuimos separadas para el sacerdocio. El trabajo duro, para el burro o el buey de carga y de yugo.

Con Oronoz aprendió de la teoría de la propiedad-trabajo y modificó de Locke lo que pudo. Puede que la propiedad haya que fundarla en el trabajo, pero «fundemos también el trabajo en la propiedad y en la seguridad de que se va a poseer y como medida de libertad de la cual disfrutar». En consecuencia, Oronoz, el banquero y todos los alzacolas que, por 30 años tuvo el Clan de la Fiera Santa, entiende —así los viejos fisiócratas bestialistas— que es necesaria una cierta desigualdad y esta última, no debe de ser considerada ofensiva, sino socialmente útil y, ¿y por qué no? —natural, como reflejo de las diferencias individuales, tanto en talentos, como en fortuna.

Del orden positivo (el de los socialistas y obreristas como Padró Quiles y uno que otro Liciaga despistado en el Pueblo), la *Fiera Santa* dice que se imponen como misión anómala la protección del derecho de propiedad, desde el punto de vista de conquistables libertades e igualdades. Acusan a la Mariguera de la Elite a la postre de proteger el rico frente al pobre y sacralizar una cierta ley de concentración creciente de capital, a la Cantillon, mientras apoyan explícitamente la desigualdad de las posesiones.

El cura *Fiera Santa* cuando viera que Juan Evangelista (al que llamaban desde entonces, años de La Mogolla. Don Nito, el caminero), entraba al Comité Local del Partido Estadista Republicano, en el mismo instante salía, persignándose. Ese 'socialista' invasor que infiltra su madriguera, a su juicio, que se quedara picando piedras en los caminos. Debiera. Sin embargo, desafió con su cara de babieca el poder de sus dominios.

La Fiera ha definido suyo el Camino de la Educación en el pueblo. He adquirido la autoridad exclusiva de una red de fundamentos para el control, quién será maestro, el lo decide; quién profesional en las industrias productivas, quién sabio y entendido, quiénes han de enriquecerse con la venia de la Elite de la Madriguera.

La Academia Santa Rita, propiedad de su Iglesia, es la que ha dispuesto que ninguna otra persona / ninguna otra institución, menos la persona positiva-jurídica del Gobierno / pueda poseer este recurso, vías autorizantes para la educación superior. Se ha excluido al peonaje de cursar algo más que los primeros grados del parvulado. La Academia de la Fiera es única y debe seguir siéndolo en proveer el orden natural de una física económica que garantice y que sea la tierra / el corte de caña / la más amplia fuente de riqueza en la villa de los mogotales y que, siendo así, sea como decreto que la agricultura, con su función multiplicadora sea la fuerza de su Cuerpo Fiero de dulces brazos, cañeras venas de sumisión y obediencia; las otras actividades humanas se reservan para los separados, acolites sacerdotales de la madriguera.

El ideal no es transformar los recursos naturales, precipitando cambios en paradigmas y alteraciones en el *status quo.* —Mas, nosotros, como administradores, siendo fieras, somos santas y separadas para el sacerdocio. El trabajo duro, para el burro o el buey de carga y de yugo.

Pese a todo, el gran cambio se produjo.

Don Nito, ex-auditor municipal, otrora constructor de caminos en campos, en 1940, alzó cresta con La Mogolla, se alió al legislador socialista Cheo Padró y construyó una escuela más imponente que la Academia Santa Rita.

—Nos tumban el negocio educativo—, se quejó el Cura con un ex-alcalde.

Joaquín Nicolás Oronoz, quien era tan teatral y amigo de los adagios como un filósofo estoico, atestiguado el desenlace de aquello, sentenció: —La función se acaba. En el teatro, antes creíamos que por un número limitado de buenos asientos, una vez llenos todos ellos, el resto del pueblo debe conformarse su menor comodidad; pero ya se construyo al lado del nuestro, otro gran teatro con número ilimitado de buenos asientos y tres veces más palcos.

02-08-2000

COMO SI NADA HABIERA PASADO

Cuando creyó que la noche había pasado sin incidentes, el policía, adormilado en su carro de patrullaje, se desperezó y observó varios zigzags en la marcha de un automóvil a lo lejos. Al verlo aproximarse, antes que pasara por su lado, el patrullero le echó las luces y unas ruidosas alarmas.

Iría por el conductor ebrio.

En medio de la oscuridad de aquella noche, a las 2:00 de la madrugada los detuvo y para su asombro, descubrió que eran dos 'putasos simpáticos' y una adolescente, al parecer, ebria o dormida en el asiento trasero. Detenidos el auto, aparcado el suyo con insignia policial, el agente revisó el área y condiciones externas al vehículo que detuvo, con la rutina debida. Tomó datos.

Hizo salir a los varones. Alumbró el coche con una linterna, sin perder de vista a los sujetos a los que pidió calma y manos a la cabeza. Los retiró a 30 o más pies de distancia, donde detuvo su carro-patrullero. Y les agregó: —De rodillas. Quitecitos. Vio seguro su manjar servido.

Cuando ya, a solas, iluminó el interior del vehículo, se le fue el aliento. Allí encontró a la hermosura. Dormía en despatarre, con una faldita tan corta que le miraba el alma azul como cielo de seda, y sus propios ojos. Le apreté la quijada para que despertara. Obviamente, no estaba muerta. Con su mano, sobaba sus muslos, sintiéndolos deliciosamente tibios, suaves a su tacto. La delicia se transmitía hasta los cojones y su verga crecía. No. El no quiere despertarla, sólo ponerla en una posición adecuada.

Allá, a 40 pies del auto detenido, al pie del carro de policíaco, con manos en sus cabezas, la pareja espera. Oyen las comunicaciones en clave entre detectives y policías. Aburrido asunto. Los detenidos se preguntan por qué tarda el guardia en su indagatoria. «¿No es mejor que comience con ellos y deje a la niña que duerma?»

El policía fue visto cuando se pasó al asiento trasero. Es claro, pese a la distancia. «¿Y qué realmente buscará?» Ella emitía sus ronquidos. El jadeaba. Quería cingar paz mientras allí, vestidos de mujer, con las manos en la cabeza, el agente ya ni jugaba con la linterna. Acertó el agujero y el cálculo del alcohol ingerido. Despojado del cinto, con banqueta y del revólver de reglamento, tuvo su presita de pollo en esta oscura y desértica noche, rumbo a Las Vegas.

Una vez otra vez en su asalto, gritaría: «¡Manos a la cabeza! ¡Quietos y de rodillas, porque, si no disparo!»

Allá, a cuarenta pies de distancia, supuso que no se detectaría que él tiene las nalgas al aire, y que, en espacio reducido, tras el asiento delantero, es un experto. Hace discretos malabares.

El uniformado, con el culo al descubierto, es hombre alto, más corpulento que delgado; más panzón que ágil, y sabe cómo se agita. Los detenidos rezan porque es mucho el dinero que se guarda en uno bolsos de mujer y la chiquilla que folla duerme sobre ellos. «¡Ese ni sospecha!» El no ha registrado los carteras. Ni priorizó un orden para examinar lo que incautará. Es un mediocre perverso.

La niña lo turba. Parece un novato asfixiado por el deseo que provocan la muchacha. «Tendrá la edad, 15 años o menos/ y anda con semejante dúo».
Estos que él prejuzgara, tan cansados, simples seres, con ligeros vestidos, ya se la comieron de seguro. Dice el guardia para darse valor y justificarse.

El frío se les cuela por debajo de las nalgas y máxime por excesivo fue el pedido de que clavaran las rodillas en sobre pizarral gravilloso. Hay una protesta de quien siente que es mayor fastidio y castigo que el agente asuma el reto. —Cachondeo yo primero a mitad del desierto. No siempre se está tan *ready* para el *quickky*.

Se le va el alma al culo

—¡No aguanto más!—, dijo uno y se puso en pie.

—¡Detente!—, alcanzó a verlo. Un ojo al gato y otro al garabato.

—Salga a interrogarnos.

Y cingó en paz y a gusto.

—Denos la multa y acabemos con esto.

—¡Vuelva a la esquina o le disparo, cabrón!

Y, tan cercano es su asedio al policía, que lo observó pujando sus espasmos, semi desnudo y con la nena encima todavía.

El patrullero se derramaría sobre sus grises pantalones del uniforme. Cálculo que, por no haber actuado con prudencia, se levantaría, abotonarse los calzoncillos, revestirse de abajo arriba, velozmente, y colocarse el cinto, la baqueta y el revólver. Y no olvidar la lámpara ni su libro de infracciones.

—Violaste la menor, satisfecho! ¡ah! —, gritó. Quiso sembrarlo en tierra de culpa y rociarlo con chantaje.

— ¡Los dos, a callar!

El desobediente suelta la meada con displicencia procaz, mascullando: —¡Maldito criminal, policía delin-cuente!

El patrullero se apresura a zancadas, de repente, con una mano en la pistola. Trae consigo el bolso de alguno.

—Tenga su bolso. Termine y bájese la falda.

Comenzó anotar lo que juzgara la infracción. Que manejaban en estado de embriaguez. Puso la hora de su reloj en tal instante. Son tres los ebrios. Que la licencia está vencida y la foto no se parece a la persona para quien fue expedida. Que vio el auto zigzagueando... y fue lo último que les dijo al autorizar que tomaran sus documentos y pertenencias. Las puso sobre la tapa del motor de la patrulla.

—Eso no es todo. Ahí no acaba. Bien que escriba la infracción y nos multara, pero hay una demanda y una querella posible. Lo acusaré de violar a una chamaca en nuestro propio auto—, dijo el detenido.

—Y soy testigo. Vi que lo hizo.

—Okay. Y dijo Blás: Al guardia lo tengo temblando. Es palabra de dos putos contra mí... Váyanse y no jodan porque los acabo a tiros. Rompan la infracción. Olviden la infracción y que la memoria sea corta y chuecas como sus micas falsas. Desharé mi copia en el mejor caso—, dijo el policía como dando concesiones.

—Pero el ultraje queda impune.

—Es el precio.

—Nada. Los tres son indocumentados.

Y ante esta amenaza, hacer que intervenga la Patrulla Fronteriza, o se complique el proceso, se calmaron los ánimos.

Antes de irse, la pareja corrió a revisar los bolsos del billete. Se cercioraron que no tocó el dinero y el policía dispuso seriamente que se evadieran del delito como si nada hubiese pasado.

No es chiste de mal gusto. O la mayor ironía en la boca de quien dijo: —Se portó decente.

Cantaron su buena suerte.

—¡Mira, nos dejó ir y no nos robó ni un centavo!

22-09-2003

LOLO PUYA, 1948

Para tentar a los guapos, para ver de qué cueros salen más correas, para dar cursos de expresión a la energía desiderativa que él tiene en sí y es mucha libido desorganizada, el ratero de su juventud y el ladrón consumado, que es hoy *Lolo Puya, se* hizo pintar tal tatuaje en la espalda: Una fiera acompañada. El no sabría vivir sin compañía.

La fiera es un perro enorme en dos patas.

Como hay fiestas patronales en el Pueblo y él es *machinero* desde que salió de la cárcel, aprovecha y se quita la camisa. Lanza provocaciones con esa gráficas blasfema. La fiera enchufa por las nalgas a una mujer que sonríe, gozosamente, en abandono estoico. Ni Alberto Varga, el artista de las barajas calientes más populares de la década del '40, con sus carteles eróticos habría interpretado mejor ese abandono salaz de las *Varga Girls* que Lolo quiso que se pintara como actitud, rostro y pose. de la hembra.

Es un bujarrón, de 5'.8" de estatura, ágil y musculoso todavía; pero, como no ha tenido hembra desde que salió de la cárcel, verse volando, como la rubia de la serie *Varga Girl, October 1940* es anhelo suyo con que se premiaría. Que vean el tatuaje. El se lo ve en el espejo de su alcoba, se lo revisa en cristales de los automóviles y vitrinas en la calle. Cada vez es más embelesadora y compensadora la sonrisa con que la *nymphette* agradece a quien le mete la verga. Lolo divaga y alucina con que la penetra. El es el perro que chinga en el drama que lleva a sus espaldas: la bella y la bestia.

Vive, entre esos limbos nebulosos de la fascinación, soñando que un día tendrá una de ésas —*Varga Girls,* ninfas modélicas, pin posters de Reinas del Techicolor y que si saliesen de sus planos mentales, tal vez una como María Montez, Yvonne De Carlo, Maureen O'Hara, Esther Williams o La Monroe, se haría carne y ojalá que le diga su nombre con respeto, con la ternura de la mujer que espera y le agradece por la buena pieza de carne que le follará en la vulva.

Por algo, pesquisa el estado de la imagen. Que no se borre. Si se borrara, o perdiera cada tinte por causa del agua, dejaría de bañarse. Ahora es sólo un borrachín. De niño, aún en la pobreza, se pensaba un chico que merecía satisfacciones; pero hasta se acostaba con hambre. El poco respeto se lo ha ganado *cocoteando* a compinches, con bravuconadas...

Este ha sido su problema. Ni inteligente ni simpático. Caliente sí, aunque incapaz de comprender si el deseo erótico y de realización, más que pasión de la carne es llamado del propio destino.

¿Qué destino puede esperar a uno que vive hacia dentro del Joyo, donde Millán opera sus burdeles y lo que hay es placer que se paga con dinero y él, con limitaciones? Ni inteligente ni simpático. Y para más agravio: impaciente, irascible, *cocoteador* del prójimo y amigo de lo ajeno. Con razón fue a la cárcel, varias veces reincidente por pillo y mal tratante.

Desde que salió se pasea sin camisa. Va e insinúa que la fiera está viva y no ceja.

Ha conocido los placeres del ano. Está amarrando un toldo en lo alto de una machina o carrusel y otro compinche, sodomita, le grita desde un lugar de apretados espacios entre cables en el suelo y kioskos de las *Fiestas Patronales,* —Te comieron el culo, Lolo te puyaron—.

Oye su risa escandalosa, su burla que lo demerita ante el pueblo que escucha y mira y juzga.

Así ha sido su vida desde mozo. Gente que lo pone abajo y, sin embargo, ni por excepción, han salvado su mundo privado, espacios para que tenga ensueños, ganas de destino. El apetece, aunque sea por una vez, el contacto con uno de los ángeles rubios, pintados en su espalda. ¡Son tan bellos que Lolo se relame el bigotón! Se mama sus propios labios al pensar que, por lo menos, los ha visto en el cine o en revistas calientes de Hollywood. Quisiera uno tal como aparecen en magazines, mismas que los presos aún se pasan entre barrotes. Con hembras en *technicolor,* en poses de *Varga Girls,* con meras fotografías, basta para una puñeta de noche. En su caso, para soñar que un día alguien —así de hermoso— le dirá: *Te amo, Lolo. Llévame a Pueblo Nuevo.*

Soñaba despierto, cuando por trepado sobre el toldo, casi lo tumba un grito:

—Te comieron el culo, Lolo te puyaron.

¡Cómo no odiar a la patria, a Albizu, a Pepino, a acusones, cómo no ser chota y odiar por igual a maestros, a curas y ricos, *predicones* de moral si se las pasan destituyéndolo!

Estorban las sublimes cosas de sí, fascinaciones inconfesas.

—Te comieron el culo, Lolo te puyaron—.

Ni es sodomita puyado ni bujarrón, como muchos del pueblo. Venero, Magín, Yegua Blanca. Opina de sí que es sólo un hombre que no sabe lo que será el destino. Nunca supo sino un asqueroso presente de escasez o burla y se le han interpuesto obstáculos cuando más energía desiderativa tiene. Entonces, nadie que lo ayude a discernir, a ver más allá de sus narices o a madurar.

Este ha sido su problema. Ni inteligente ni simpático. Caliente sí, aunque incapaz de comprender si el deseo erótico y de realización, más que pasión de la carne es llamado del propio destino.

Sin embargo, ya está molesto con ese hijo de la gran puta que le menciona el culo.

—Te patearé el alma. ¡Espera que te agarre!—, le responde. Y, aunque juegan a las escondidas, lo que Lolo se hizo pintar en su espalda es para tentar a los guapos, para ver de qué cueros salen más correas, para dar cursos de expresión a la energía desiderativa que él tiene en sí y es mucha libido desorganizada, ganas de pelear, chotear y comerse un coño de algún angelical bistecito...

15-03-2004

EL VALLE DE LA MATANZA

Y haré subir contra ellas tropas, las entregaré a turbación y a
rapiña y las turbas las apedrearán y las travesarán con espadas;
matará a sus hijos y a sus hijas; y sus casas consumirán con
fuego y haré cesar la lujuria sobre la tierra: **Ezequiel** 23; 47-48

En la ciudad de los ángeles caídos, nació Evaristo.
Edad: 20 años exactos aunque aparenta más. Pandillero,
su oficio. El vio la placa rival de *Aholiba Gang* pin-
tajarrajeada en su calle y se llenó de ira.

En una pared, cerca de su casa, dibujaron las
imágenes de caldeos, graffitis de color subido con
figuras de varones ceñidos por sus lomos con talabartes
y tiaras ostentosas en sus cabezas. Peor aún, alusiones
de tales figurones tan matracos en exhibición presun-
tuosa de objetos itifálicos, seres de chorra peludona,
ayuntándose a las madres / novias / hermanas / de unos
y de otros, mientras ellas, con ojos de gozo, otras veces
de llanto, reaccionaban con *mudras* pandilleros. Ese
lenguaje de dedos cuyos códigos poco tienen de
profundos y sagrados.

Entre estas tribus, la ira fue como el pan nuestro de

cada día, aunque no se dio hoy ni aún en el breve mañana como chufa; pero, por los signos del enemigo, garranchas filosas de hoja ancha, ahora está grabada en los patios del Tabernáculo, oxidándose por ese motivo los hígados de Evaristo.

En reacción, fue a la tierra bermeja de Neftalí a echar bronca y pidió cuenta de la blasfemia.

—Con mi madre no se metan, cabrones—, dijo con pleno *quórum,* en la briba, que nadie transgrede su punto

Al poco rato salieron, en medio de una niebla meona, de sus mugreros y escondites, como una palomilla de barrio confraternalizada desde sus cimientos. Y nada había más parecido a la placa de Aholiba que la de Adama.

Evaristo se puso como loco y echó tiros a diestra y siniestra en Adama y dos niños, gemelitos, murieron con sus balazos, proyectiles ciegamente perdidos en el espacio y reboteantes en las penumbras.

Ninguno, en Adama, se atrevería a acusar a Evaristo directamente ni a sus asociados, porque sobre él se decía que era feroz para las venganzas y todo lo sagrado y lo mundano, cuando es menos malo, acaba por reducirlo a mierda; pero su madre, quien después de largas jornadas de trabajo, dormía temprano por costumbre y cansancio, descansaba el día del dolor y lo dejaba a menudo a sus anchas.

El dice que ella es santa, sólo porque no lo molesta, ni le pelea ni grita. El creó su símbolo reverencial: Tabernáculo tengo en Ella. Pero no que él filosofara cosa sagrada, o que estará dispuesta a poner la directa por la causa o su cabeza en el asador. Ni él por las bondades de su madre. Ni ella para dar buena cuenta sacan la cara. Ni se efigian por modelo de alguna cosa importante.

Si utilizó el término *Tabernáculo*, creyendo que se tratara de algo trascendente, sepa de lo que se trata y los pandilleritos discuten. *Taberna y Culo*, reducida a un... ¿a poco, Pepe? Beneficio: que se implique un beneficio, aprovechable y deseable, eso será su tabernáculo.

Evaristo siempre está en búsqueda de ídolos al estilo de Acaz, el agarrado, el hijo de Jotán, el más abusivo; pero pomposado jerarca de todas las greyes habidas y por haber en esta zona del mundo bueyero. El éforo sin magistratura, esto es, Evaristo, alega para su palomilla que toda la raza de su barrio se forjó por causa de los caídos y burlados desde los tiempos del *Sleepy Lagoon Trial* cuando su madre llegó, abriéndose paso entre nopales y creyó ver a Los Ángeles y la Virgen de Guadalupe en cada chamaca morena.

Todo eso quedó en el pasado

Ahora lo que se lamenta son las dos vidas inocentes ultimadas a tiros. En rigor, nadie sabe si Evaristo fue quien los mató; fueron ellos mismos, pero es improbable que ese marrón él se lo coma. O que él lo sepa y se inculpe. Lanzó tiros al aire, lanzó balazos en lo oscuro, a lo que se moviera entonces aunque no se distinguiese.

Tiros de rabieta a lo incierto, porque fue a las zonas prohibidas e impenetrables de Adama, como ladrón en la noche, con sus compinches armados de su pandilla. Otros pueden haber sido los asesinos. Al Tabernáculo en Ella regresó muy noche. Cenó sin la bendición de su madre.

Mas en Judá de las profanaciones, dijo: —Este no quedará impune—. Es lo que siempre dice el Alcalde que instruyó a los vecinos con su discurso público demagógico. Palabras que se supo al dedillo para cada vez que fuese necesaria la convocación de concejales, agentes del Sheriffato y capitanes de agencias burocrático-judiciales, oportunidad en que convergen con fuerzas especiales de acción anti pandilleril.

Y lo que se entendió fue que habría que cercar con tanques y lanzallamas a Samaria, donde Ahola tenía su juventud organizada, alimentándola con la soledad de la pobreza y el ocio de las criminalidades. Y

Acaz fue más lejos porque era un político de oficio, con muchos recursos y labia, de cuajos y morcillitas se come diez platos.

En final de cuentas, aseguró que habría que asediar a los hijos del Tabernáculo en Ella, con ejércitos en ropas de civil, vigilar el MacDonald, infiltrar los chotas en WalMart, despedir a los indocumentados, echándoles los patrulleros migratorios, en complicidad con las policías estatales y citadinas, con ropas de civil, o más bien, vestidos de guangos pantalones, con cadenas, cachuchas y camisetas blancas, de los que hay muchos dispuestos, llegados de Pecod y Soa.

Y dijo más, si hay que aludir al terrorismo, que se haga y se reclute para hacer simulacros a los bomberos de Egipto y de Siria, a las Guardias Nacionales, al Mossad, los Talibanes, y se forme el tremendo arroz con culo que este mundo merece.

TE PONGO EN ANTECEDENTES

—No creo que eso sea posible. No en mi caso. Llevo 27 años en guerra contra los cínicos, o esas hienas de las que me hablaste—, expresa el ejecutivo de la División Especial.

—Ladéate como un verdadero animal callejero... yo viví esa experiencia, porque soy más viejo... Ojalá que un día sepas decir que lamentas el asesinato del 15 de septiembre, víspera de un Grito de Lares, donde a tu patria ancestral la entregaste, al fin. Ese es el crimen patrio que no te perdono.

Fue el vergonzoso acto de fuerza en que murió Filiberto Ojeda Ríos... Y le preguntó después: —¿Cuántos centenares de tropas, policía federal y estatal, necesitaron en Hormigueros y para darse mañas y citarse a matar a un valiente, un patriota de aquella envergadura? Y esa batalla a tiros, ¿por qué la organizaron como hienas nocturnas y como engañosa estratagemas, en aras de influir en el país, en el sistema de miedo y en el sistema eleccionario?

—¿Quisiste que se propalara la imagen de que

soberanismo es conspiración violenta contra los EE.UU. y desviar la atención de lo que es? Un proceso natural de la patria que despierta hacia su responsabilidad: ser libre.

—Te pongo en antecedentes. Fue un ladrón que realiza un robo de $7.1 millones a una sucursal bancaria de Wells Fargo, West Hartford, Connecticut, 1983. Y, para mí, es lo mismo cuando persigo el delito de un **machetero** que el robo, en recaudos no informados de comerciantes que donan a la campaña para que Acevedo Vilá se elija... Eso sucedido en 2004 y el delito, robo y fuga, de Ojeda Ríos en 1983 son las mismas cosas...

—No lo son, Luis.

—Y como lo que valoro como mismas cosas, transgresiones, cuando investigo, las castigo, poniéndolas ya ante las Cortes: la corrupción policíaca, fraudes hipotecarios, robos de fondos federales en Educación y contra los seguros de salud... No fue nada personal contra el ex-Gobernador Acevedo... Fraude en la campaña para financiamiento electoral estaban claros... En octubre, cuando el FBI descubre que hay decenas y decenas de agentes de policía involucrados con el narcotráfico la evidencia fue contundente... y mi servicio a Puerto Rico, como a los EE.UU., se basa en tener contundencia, quizás más contundencia que imparcialidad... Perseguimos fraudes y ladrones. No arreglamos el sistema político, lo siento. Quien venga detrás de mí, como sustituto, tiene mucho que hacer. Más de lo mismo que yo hago.

LA TENTACION DE MARTA

Marta no tiene afición por las matemáticas. Ella cree que sumar, restar, dividir y multiplicar, es más que suficiente. —Y eso del álgebra, o la trigonometría y el cálculo, son bobadas. Coño cómo hay gente que le gusta la tortura china—, dice. Su temperamento es artístico. Por intuición y ojo de buen cubero, comprende cómo dividir los espacios, o *fractalizar* hasta el infinito, o distribuir imágenes en la profundidad, o sumar perspectivas. Dibuja. Está interesada en la luz y la sombra. Se expresa con colores y los colores son sus numerales, símbolos más atractivos, menos abstractos y aburridos, que aquellos puramente aritméticos.

El maestro surgió de una penumbra. Es un hombre viejón y cavernario que no se interesa en la Luz que ella llama la Libertad. El, pese, a su mundo umbrío, cree que sobre la luz sabe más que cualquier demonio. Tiene muchas fórmulas en la cabeza para explicar las partículas, o como dice, la naturaleza viajera de los fotones. Se cree hombre de mundo, con derecho a 'ligar' y chulear a las que pasan para clases particulares alumnas. Y Marta es una de sus favoritas para tenerla en el plano de los 'buenos consejos' y 'ajustes'.

Es alumna hermosa, brillante, pese su pánico las matemáticas. La fracasó una vez en su clase en su salón, ligársela en su *salón de caridades punitivas*. A ella y todas las que visten con faldas cortas para sus uniformes es él quien paga por estímulos sensuales, liga, al calcular sus descuidos, los abrires y cerrares de piernas, en especial, a las presumidillas y burguesas cuando tienen días malos, días hormonales, que las vuelven locas, incontrolablemente sensitivas, y una llamada de atención del profesor las ofende. El tono de voz basta para que se sientan agredidas, o humilladas y se suelten en llanto. Entonces, él funge de consejero y consolador ante sus berrinches.

Marta es una de ellas. Y tiene fama, entre sus compañeras, de atrabancada, nacida, hija única en familia *hiper-liberal* y consentidora. Se cree el «centro del mundo», o convocada a una tarea redentora.

—Ya rugiste, leona—, le dijo el profesor. Surgieron las risotadas en la clase.

Hoy, cuando ella parece bajo control, atenta, muy segura de sí, es quien ruge. Distribuye exámenes corregidos y su calificación no fue buena. Es la penúltima prueba del curso.

—Aprobaste. Pero esto, en promedio, es todavía (D)eficiente y afecta adversamente sus planes colegiales.

El pudo dar una mejor notas en esas malditas matemáticas, pero la quería para su cosecho en la tarea redentora, o clases remediativas de los sábados. Cerró las caminos a la meta: desesperarla, hasta que le provoque similar frustración que las chicas y chicos que se le 'entregan'. Quiere estar a solas con ella, aplicar sus artilugios. Lo que es él... es la hiena de penumbras. Ni siquiera es zorro; pero buen olfato tiene y entre las colegialas, es quien salva las dificultades. Para el gran sábado siquiera hay que estudiar. Sólo darle lo que quiere. Un chocho húmedo y ese olor a hormona viva. Hay ofertas tentadoras de mamadas, dedeos y, como dice *«para las orgullosas como Marta, una pinga fuera de control, la salva»*.

—No me mires con esos ojos como si fueses ovejita ante un lobo. No soy la crueldad encarnada. Soy discreto. He enseñado ya por 20 años y ... esta madriguera, o lobera de las matemáticas, el cálculo y el álgebra, no es tan ardua. Es un discreto remanso. Usted afloje y yo la envió a Harvard.

—Es que usted...

—La libertad comienza con uno mismo. Hay unos calendarios donde marcas a diario cómo te programas para que, en la fecha límite, estés preparada. Tú no hiciste ese trabajo. No utilizaste tu libertad y tu voluntad para tus cosas... ¿Alguna duda?

Y llegado el sábado, entró ella miedosita y él, cerró la puerta de su oficina con llave y, antes puso un cartelito, que anunciaba que no estaría disponible.

—Siéntate.

Recogió el periódico que halló sobre el amplio sofá. Ya había ojeado que en portada se leía: *«Lo hecho en Iraq fue bueno»*. Fingió que se sorprendía con el titular de aquel día. En noviembre pasado, había sido reelecto el Presidente George W. Bush. Era la primera semana de diciembre, fecha de hoy,

—Este titular, Marta, representa el juego de la vida y

sus opciones.

Se le sentó al lado como buscando su confianza. —*What I did in Iraq that is good*—. dijo la prensa sobre Bush.

De hecho ganó la reelección el pasado noviembre. —*His reelection as an American People's ratification.* La prensa dice *'there was no reason to hold any adminis-tration official accountable'.* Si se diera el caso escandaloso con que algún funcionario, él no dirá nada ni favorecerá que alguien castigue a quien lo hizo. En la democracia. el pueblo le dijo: 'lo que se hizo en Irak. más que castigo, te mereció un premio', la reelección, y Bush dice, 'pues si la mayoría aprobó lo que hice, yo defenderé a cada uno de los que, dentro de mi administración, hicieron lo que les mandé'... Marta, mi alumnita deseseperada y pecadora, *'then so, there was no reason to hold any student or administration official accountable'.* Tomemos esto como un ejemplo de lógica algebraica... Ahora mismo, eres tú quien libras una batalla. El conflicto es tu clase de álgebra.

La chica llora, pero aún no ha pecado.

—Tu graduación depende de lo que hagas. Marta, ay Martica, estás en la misma posición que George W. Bush, sólo que tu enemigo no es Irak. Es la clase de álgebra que descuidaste largamente por dar rienda a musarañas que tienes en la cabecita... Tus padres son el electorado que manda y, por ahora, decide tu futuro, si vas o no vas a otra universidad, confiarse hasta que seas autosuficiente... Puede que, por lo que hoy hagas, te digan: *"there was no reason to hold any administration official accountable'.* Que lo que hagas en el campo de batalla (esta vez con las pantaleticas abajo), equivalga a lo que se hizo en Irak. Más que castigo que te merecerá un premio... Yo no sé cuáles son tus metas; pero las de este colegio son las mismas que las de tu familia, que quiere que estés bien... Ha confiado en ti, como si fueras el Presidente electo. Te delega su confianza... ¿Ves? Ahora el conflicto de Irak es tuyo, válgase la metáfora... y tienes que ganar una aprobación... Yo, a quien seguramente tú no verás jamás otra vez, soy parte de la escuela, parte de la misma comunidad y quiero que te aprueben y te reelijan. Quiero que tú bombardees el Bagdad del examen desafiante y, aunque haya dudas, como en 1991, de si fue propio ir a bombardear... seré un funcionario a tu servicio, y lo que Bush perdona. yo también. No te haré responsable de nada, en caso que fallara la estrategia, así espero que hagas conmigo.

9-01-2005

EL DESEO DEL REO

«Nunca mataría a un inocente. A quien maté, lo supe más cruel e indeseable que yo. Estoy lavando el culo del mundo, con este asesinato y el procedimiento. Ahora me sobra el ser. Antes me faltó. He internalizado no el deseo de objetos, o cosas; quiero la vida de los culeros en mis manos, quiero la muerte de los que maltratan a los demás; quiero mutilar al que engaña y vaciar el semen de mi ira en el culo de los que seducen... Un día en Michoacán es todo mi deseo; allí es donde cometeré mi homicidio», decía. *«Tan fácil que es que yo deje de matar... Matar ha llenado mi vida de sentido y de misión... Un día, dar una mirada a Michoacán, es todo mi deseo, dejaré de matar»:* **El Reo**

... el deseo de ser, en su abstracta pureza, es la verdad del deseo concreto fundamental, pero no existe en un sentido real... la estructura abstracta y ontológica, el «deseo de ser» difícilmente podría representar la estructura fundamental y humana de la persona, no podría ser un grillete sobre su libertad. La libertad, ciertamente, es estrictamente asimilable a la cancelación del ser: **Jean Paul Sartre**

Por una u otra cosa, él no fue dichoso. No había fundado un ser. Le faltaba el deseo de patrocinar vida. El fue muchacho de rancho hoy es una cosa viva, imagine un alacrán, en un agujero. cercado por paredes y barras carcelarias. Afirman que mantenerlo entre rejas es costoso. El Sistema de Prisiones de California especula que hacer con este caso. El reo cuesta al contribuyente, por concepto de la mera manutención y servicios, más de $30,000 al año. Y él ya ha costado más. $200,000, Este el quinto preso que muere en sus manos. «Es un mata-presos», dijeron. que desata reacciones mixtas y costos administrativos. Calcularon que, en cinco años de su internación, si bien había ahorrado al Sistema de Prisiones casi $200,000, en su defensa se ha dicho:

—El Reo mata y sodomiza a los provocadores, a los empedernidos, la cáfila más laya que, si regresara a las calles, si fuera así, seguirá con sus delitos y vicios... ah, no se conoce de él nada, de que vicios se habla. Ni fuma ni bebe... Sin embargo, es la gente que alega su inocencia y no él quien apela su libertad a costa del dinero de los contribuyentes.

Del Reo no se sabe ni su nombre. El si aprendió sobre siembras y crianzas de animales. Subió sobre burros con orgullo sano, ordeñó cabras y aprendió casi todo lo que puede darse como labores de campo. Trabajar y ser pobre fue a su realidad, su facticidad cotidiana. Al parecer, tenía a una madre borrosa, inútil y una, a la que nunca nombraba y... lo mejor de su vida, lo que motivó su escapada, fue una hermanita linda, con el color de la tierra y la sangre.

Un día, ya muerta la autora de sus días, tuvo su primera ambición. Irse a la ciudad. Le hablaron acerca del *Sueño Americano*. De trabajo. De pisca. De ciudades inmensas. Y se sintió fuerte, porque, además del campo y su floresta blanda / esta vez, tal vez vería espacios que endurecen, otras formas de espinos para pies que sobrevivieron sin botas ni zapatos.

Fue dueño de unos ojos azules y una cara atractiva. Y esa verga suya, tal vez ha de ser (lo supo) para una gringa. O para una niña como hermana, que siendo La más tierna, o compasiva, fue la menos dócil. Su padre la llamó **la *bravía.***

Lo ha pensado. Es lo que le detuvo y lo que le llevara a largarse. Lo que imaginó una razón para vivir, salvarlo, lo designaría como *'únicamente mío'* del pasado (que fue ella); al fin sentía que era dueño del odio. Esta manifestación del deseo / como instinto de libido e imaginación, ella la daba a pesar de edad. Era bravía, enojosa, amarga. Había que entenderla.

Ni su padre ni madre, ni él, nadie supo defender su tierra, la herencia suya y de sus hermanas.

Del progenitor a quien el reo pudo asesinar, si lo quisiera mucho antes, sólo recuerda que recibía unas palizas que lo dejaban casi moribundo por días. Odiarlo fue tarea que se hizo lenta, sujeta al temor constante, con la espera de un dulce venganza. *La Brava* no lo dejó morir. Pronto le perdió el miedo a todo. El reo lo aprendió con ella. Le hizo inteligible la meta. *Ojalá y te mueras.*

Le habría gustado que las cosas fuesen de otra manera, pero supo que tenía el opresor y enemigo en su casa y tenía que matarlo. No otra cosa gritaba y, pese al miedo al desamparo y el hambre futura, la brava sí que se lo dijo claramente. No tienes derecho a vivir.

Antes de emigrar a California, al reo lo aterró la idea de que el viejo sedujera la pequeña. O arruinara su vida con peores modos. El era un varón, con 8 hermanas. en medio de las chancletas. Unas con rasgos morenos, o indígenas; otras más blancas, parecidas a él.

A veces ellas se juntaban y como 8 harpías conversaban sus cosas. Y él sentía tristeza, se asomaban las razones para rezagos, hambres y miserias. El padre, tan prepotente. era además, lujurioso, haragán y despilfarraba lo que heredó. Su hijo, con poco carácter. Inmaduro.

En los márgenes de tan poco hogar y penuria, prepotencia patriarcal, al muchachito le habría gustado quererlas a todas; o servirse de ella; pero no tenia ternura, si mucho miedo. No tenía autoridad como el padre. Ellas también estaban rudimentarias y vacías y no podían ser solidarias. No supieron guardar alimento ni afecto. Con terror se acostaban y amanecían.

Por su edad, consejo al varón lo ofrecieron y, a fin de aislarlo aun más del núcleo familiar y su influencia destructiva, atendió el consejo: —Vete al norte, sal del rancho. Deja que sea tu padre quien siembre y coseche aquí. O pídela ya salario y zapato y par de peones que te ayuden con esta carga. O jódete, muchacho. ¿No entiendes que eres burla de tu padre y tú quien le mantienes sus vicios y mujeres?

Estaba a punto de cumplir 15 años y no entendía que se le privó del beneficio de la escuela y la solidaridad que brinda la amistad y no es poco que trabajara para el sustento de todos sin cobrar un centavo. Y la malicia sexual se justifica, obsede, si has vivido estos horrores...

Apenas se le permita vestirse, o bañarse en paz con cerco de hermanas espionas y el padre que ronda sus espacios por transido de morbos.

—Matar a quien te roba identidad. Labor. Vestimenta y, sobre todo, paz y bendiciones, ¿crees que es delito?

Al fin que, aconsejado así, el pichón de migrante halló el modo decir que la quiso. —Necesito unos zapatos y pantalón nuevo—. Y tenía ya la edad de 14. El padre se armó de la correa y empezó a aplacarlo con fajazos...

También entendió lo que su hermanita decía al curarlo de la golpiza. Y comenzó este sentimiento, hay que matarlo. Este sentimiento nació la querencia de su rancho, se fundó el deseo y en complicidad. ¡Sin el deseo no se tramita el ser! El deseo que mienta la carencia de *seidad*.

Allá, en Michoacán, en lo profundo de las milpas de un rancho, han enterrado al viejo. La mataron. *«Sin ser, sin deseo, uno no sabe de miserias. Uno es como una cosa. Como un gato. Como un burro o una gallina»*.

¡Matar a ese viejo cabrón de su padre! Iba a complacer a su madre que se lo pedía a sus hijas. Al fin, ella se cansó de perdonar y querer.

—Cuando yo muera, no antes, serás el dueño de estas tierras, te buscaré, entre mis putas, una para que vivas con ella y no te hagas puñetas a escondidas, porque ya te solo en la tarea.

Y se burló tan jariosamente como pudo. —Ya estás hombre pues—, le dijo y ambos se clavaron sus miradas como puñales, ambos desde los fondos de sus ojos azules. El caso es que ya tenía algo más filoso que los ojos. El joven lo entretuvo para matarlo..

—Si te vas esta noche, pierdes tu hermanita brava. Le quitaré la vida, pero ante me la como...

En la prisión, aunque muchas veces pensó en hacerlo, él se guarda en esperanza su venganza. Ha tratado de acumular más ser para cumplir. Valió la pena el riesgo.

6-12-2000

PARA.QUE HABLES INGLES
Y TENGAS DERECHO AL VOTO

Ha dicho Joseph Foraker que dividirá Tu Alma colonial como si en medio de dos nalgas te hallara el Atributo que mejor te define. Allí hará hueco, su nido y escupirá con el auspicio de tu culequera... Tal vez eres una patria Los divisores vienen a ultrajarte y para hacerlo, ni vaselina, Colonia, ni vaselina, te untan Antillita,...

Puede que otro abismo desaprueben a Foraker y se conmuevan y valoren que eres virgen, católica-romana, púdica por todos los costados, isla del lavamiento toda rodeada de agua, vientre bien aventurado por piratas derrotados por decoros, pero los cañoneros, vestidos de civil, y que son diferentes a los piratas de Holanda, Francia e Inglaterra.

Estos se llaman *Civilizadores, compasivos,* y son en pureza falos grandes para las vulvas prietas. Con Foraker vienen a dividir Tu Alma y asegurar con proclamas el benéfico y alado pesimismo de tu establecimiento poético, que solo eres retórica biopolitica. postnietzscheana — *Lebensphilosophie*, el Circulo hacia Weimar síntesis, fascismo que Miles al verte el culo asegura que *¡es para tu gozo, Mi Bien! Ay mi bien amado caeras]* con Stefan George, Ernst Jünger, y Martin Heidegger) en vitrilismo genocidsa y tedio, biopolitico.

... porque lo Federal es mimetismo, ninguno cree que merezcas tu percepción alterada con agazapos de malla, el que te dio su ley quiere escindirte, Hija de *Phrenos*, vulnerable doncella y ¿qué sabes tú qué es *federalismo?* cuando la disfunción social te domina y contigo trabajan los Sostenedores de la Mutancia, los administradores de la Escapada.

2.

Desde el *Libro de los Corazones* y la Edad del *Pairo de Ebers*, el Destino te describe melancólica y maníaca. Desde hoy también comienza Roland Falkner a mirar en tu sesos, isla de Iris chaconea rumboso tu púbis, se menea rico María Songo, hay que hacer algo contigo desde hoy, sacar provecho de tus nosologías. Para que no haya *Base Quinta* en tus uniones y nunca te separes, hay que desorganizarte las agendas de la demence précoce, que vengas a la cama, Jennifer, con nalgas *calipigias, puertorra* en la extranjería de estos *nuevos* amores...

Ni lo sueñes. Sin las Tropas no sabrás vivir; sin el Norte no sabrás que es Orden, *Hija de Phrenos.*

Para efectivamente transterrarte, Roland Falkner es quien viene. Creyó que puede entrar más profundamente en las neuropatías y hasta quitarte el habla. Te programará la mudez, te inventará silencios (para que no sepas que alguna vez fuiste la hispánica / la negra / la mestiza y tu sangre fue espíritu; para que menciones que Manuel Rossy es el patriota ideal puesto en Puerta de Tierra como legislador no electo... ah no le veas, como a Degetau, como el primer comisionado al Acallantamiento, y cómplice de Brooke el General y Miles el Mentiroso en residencia en Washington, otri mentiroso.

Falkner viene de civil, no como Brooke, con botas militares y esplendente garrote. Lo que harán contigo es perfeccionar tu laxitud asociativa; si no aprendiste la autodeterminación desde la infancia, permite que otro te sostenga, te haga caricias y chafaldetas en el ano.

Sé dependiente al ser agradecida, no rezongues porque allí veo al corillo delirante, Matienzo, Lloréns, De Diego, confabulándose en la unión para impedir que bebas de esta infusión / de *suave patria* y *patria boba* / que en las vías mesolímbicas del alma magnifica tu combustión de dopamina.

3.

Cbn la afectividad aplanada, agitate en la danza de la ambivalencia y deja el autismo: cuando te llame *Ven, desnúdate y sube,* a la cama donde está los Para la mutación sostenida de tu memoria canta

> pollito chicken / gallina hen / lápiz pencil /
> pluma pen /

... que en nueva lengua has de aprenderlo todo. Tres poetas no te darán el destino que vale: el estómago tan lleno como el culo. Para tener el cosmopolitismo sin raíz, tienes que expresar el patriotismo exiguo y los valores occidentales, que son amar el ferrocarril, la velocidad del gringo...] Come de esta mano en la *Ley Foraker*, colonia mía, capullito de ninfa, *English First* de mi pedagogía, asimílate, culo prieto, aprende a agitarlo en las primeras elecciones donde el sentido soberano se subvierte y se sumerge en la orgía para ganarse algo el Partido Republicano triunfó en 1900 no se sabe qué en 1902 y no se sabe dónde)... pero aprende que esto se llama democracia / representación... hija accesorios de tu nueva demencia de **Pan, Tierra** y **Libertad.**

03-04-2005

___

Nota: Después de la Invasión Norteamericana a Puerto Rico en 1898, advendrá Joseph Foraker para crear el primer régimen civil en 1900. La **Ley Foraker** de gobierno colonial civil fue muy criticada por los demócratas en EE.UU.. Durante este sistema forakiano, se crea el Partido Federal, que no participará empero en las elecciones; pero el pitiyankismo domina el Partido Republicano, partido colonial que gana elecciones de 1900 y 1902. Bajo la ley Foraker comienza, sin voz ni voto, la presencia de los mudos como Comisionados Residentes en Washington, e.g. Federico Degetau (R). En 1904, por igual se inició la **política educativa americanizadora.** En el poema hay una alusión a otro partido, formado en la época: La Unión de Puerto Rico (cuyos líderes son Matienzo Cintrón, Lloréns Torres, De Diego). La **Base quinta** del **Partido Unión** fue la independencia

UNA VICTIMA DEL CARACAZO

Sucede que das la mano y te arrancan el brazo, se quejan como si acá se regalaran los derechos y, al final, el mismo inmigrante, descubrirá dolorosamente que: *American ambitions for global hegemony aren't altruistic and benevolent, as has been said. Si tal es la crítica y el descubrimiento final —that's unfair! Iba y venía de Venezuela a gusto. Descubre que ya no se puede entrar por la puerta ancha.*

Había Inmigrado en 1989. Como inversor en Bienes Raíces. [No fue la primera vez que estuvo aquí. Utilizará dinero que no es suyo, para entrar al país por un supuesto pasillo de prosperidad, traerá dinero propio, puede que algo. Su cielo quedó en sombras, en marasmo]. Nubarrones. Se alimentó con promesas. Está nervioso porque se les investiga. Y lo ha sorprendido el año del *golpe fallido,* la mala fama de Carlos Andrés y ahora ante el preludio de otra revolución. El chavismo.

El Comandante es la encarnación de todos sus odios. El fin de sus ambiciones. El mentís de su tipo de patria.

Ya no hay escape. Quedó atrapado en medio de un proceso y sin gloria. Más prestigio tuvo El *caracazo* y la rabia popular que lo produjo. Entonces, huyó con la familia y las culpas.

Quería, para reiniciar vida y acomodo feliz, el sector exclusivo de Serrana Heights en Villa Nueva Drive, rumbo hacia el Este de la Ciudad de Orange.

Desde Caracas, se le recomendó un par de negocios durante los días de los motines y ladrones, antes del Caracazo. Pero, a poco de la compra en Serrana Heights, comprometieron su nombre. Le dieron gato por liebre. Sin que él supiera, lo cagaron. Y se rieron, ¿no es eso lo que llamas hiena? Sucede que das la mano / pides tu parte de negocio / y te arrancan el brazo, si te quejan y cobras lo tuyo como si acá se regalaran los derechos. servicios y trámites ante riesgos y, al final, el mismo inmigrante, colaborador e inversor, descubrirá dolorosamente que: *American ambitions for global hegemony aren't altruistic and benevolent, as has been said. Si tal es la crítica y el descubrimiento final —so bad!* No entendió que no lo merece. Su falta de experiencia en los negocios turbios.

«Es la primera vez que hago esto», dijo este peje venezolano. El FBI lo investiga en un caso de narcotráfico. La propiedad de Serrana fue centro de una operación de lavado y no le advertido. Lo vieron tan pendejo y asustado. Y esta fue la razón por la que en 1989 visitó el Estado. [Y utilizó dinero que no es suyo, lo sabe, para entrar al país por una supuesta *puerta ancha,* traerá dinero propio, puede que algo. La prosperidad ya es sombra de sus sombras, y él en marasmo]. Se

alimentó con promesas.

Está nervioso por eso. Y lo ha sorprendido el año del *golpe fallido* y el preludio de otra revolución.

Chávez es la encarnación de todos sus odios. El fin de sus ambiciones. El mentís de su tipo de patria. Ya no hay escape. Quedó atrapado en medio de un proceso y sin gloria.

Ellos / los Boves / hasta su apellido lo patea en los cojones / iban a llegar a Serrana Heights en Villa Nueva Drive, rumbo hacia el Este de la Ciudad de Orange. Asomó al lugar equivocado, donde su historia humana-social no interesa porque sus credenciales no son recomendables. En Santa Ana, capital administrativa del Condado de Orange, se juzga de este modo, a la vez simple y prejuicioso: *Dime con quiénes andas y te diré quién eres. Elige bien al vecino.*

Acá, donde vivimos, la sicología es distinta a la de New York y Miami, La Florida, *estados ideales* a los que pudo haberse ido con su carnet de nueva gusanera y donde se protegen sus causas. Por lo menos, en estos *días* post-*caracazos, lo suyo* no interesa. Hay muy pocos venezolanos. Y los enojos de los *supremacistas* y el ojo mediático se concentran, como siempre, en mexicanos y cuidarse de crisis hipotecaria.

La suya es una familia, desorientada, en uno que otro detalle, pero de buen nivel de ingresos. Se pegaron a la teta que le da su argumento al estilo Hollywood y Guerra Fría. Han sido de la cepa de lo *pelucones,* vividores del presupuesto. El no pretende justificarse ante los vecinos, porque interpreta que son días duros para Venezuela y California los días en que vino.

Como en la película *Kuwait ha sido liberado,* si Bush ha vencido y la Guerra del Golfo ha dejado claro quiénes son los rivales y quienes los amigos, lo demás no importa: Ojalá las armas de destrucción masiva hayan sido destruidas y se pueda, de veras, inaugurar en el decenio del '90: con el fin de las ideologías, especialmente las izquierdas.

Mas queda por remanente las minúsculas agendas de este sujeto y en tal contexto, su falta de escrúpulos por afán de vender la nación: *Inmigrar no es una carga.* La idea de la Norteamérica / como *Tierra de Oportunidad, Libertad y Progreso,* para todos no tiene por qué verse como una falacia.

Abominables son las bienvenidas y, en el Condado de Orange, resulta un agente invasor y terrorismo. El peor candidato, un anti-chavita. Estos no entran a mi simpatía. Nadie cree lo que cuando promueve, en su defecto, a la nación anfitriona como *a global supercop guarantor of world peace,* que puede refundir hasta la mierda cada izquierda y disidencia que surja, en nombre de la *Democracia* neoliberal.

YO LO QUE QUIERO ES SALSA

La tarde avanzó y se oía la *«salsa por aquí, salsa por allá»* y una escapada de cocolos que presta oreja dura a la tumba, por quien iba tocándola con maña. Al fin que se asomó el sector con respaldo de *jineteras* de turistas veteranas, *viejas decrépitas* que aún solicitan que le pongan la cosa. Negros al pendiente se acercan al *bembé* y hasta jovenzuelos de planteles colegiales que. Se abandonaron compromisos lectivos. La colonia necesitaba las agendas y el incentivo por el que vienen las rubias a los hoteles y parques de golf, aspirantes a forjar competencia generacional en el turismo decadente y caro, subvencionado. El *Pueblo Pobre de Puerto Rico* batalla por su Puerca la esperanza.

—¿Te imaginas si los independentistas nos quitan la oportunidad de tener a Miranda Marín como nuestro 'comandante', si él nos mueve más negocio que Filiberto Ojeda. Ahora es el símbolo de una revolución aprovechable y decorosa, no es cosa de terroristas y gente de FUPI o línea dura. SI alguien se merece que aparezca pintado en murales en toda la isla, ése es nuestro *Líder del Chavito Prieto».*

Lejos de esta plática, está el que adora a las raíces escapistas de su coloniaje y le entrega, con el cuerpo negro, su homenaje de mambo:

> *... baila pegadito, enséñale tu maña;*
> *tú no ves que la gente lo que pide es salsa.*
> *Dame mambo, dame mambo, dame mambo,*
> *dame mambo con maña...*

Los líderes del *Mainstream,* los pesados, están en diálogo y son tan frívolos que Connie Varela, el organizador, no hace mella. Con sus tesis, descalificaron a los viejos pensadores: a De Hostos, Vicente Géigel Polanco, Trías Monge y en sus bocas, hasta Luis Muñoz Rivera y Fernós salen cagados.

Cuando llegó Carmen Jovet, ya del torneo, se aumentaría la cordialidad entre la gente del PNP y la Pava. —Las mujeres son sabrosas—, dice uno de los azules entre dátiles. —Esa vedette me gusta—, dijo Freddie, «más que Millie Gil que me odia». Y, como en *intermezzo*, se asomaron a la Carpa.

Fue el licenciado Romero, que ya estaba allí, cuasi borracho, y un Rodríguez Traverzo, como *penepé traviezo*, quienes se se apoderaron de la pista.

«Mírala, mírala, mírala, mírala como se bota». ¡Cómo *baila y cómo goza!*

El senador Arango vino a echar burlas e ironías. *«No le importa que la pista esté resbalosa».* ¡Cómo *goza, cómo baila y como goza!* La Gorda J-Go y su asesora, *tsumani* de las arcas que, entre su claque, vacían, claro que vino.

Algunos populares en la rebambaramba conversan en

torno al viejo líder Muñoz el Vate / el genuino / antes de la *era moscosiana* del urbanismo y las petroquímicas y, al final, nota de concordia: nos dio esta unidad común, la comunidad de la ciudadanía, la moneda / dólar, / la unión permanente del despojo y los canallas. «Eso lo pudo haber dado el Dr. Barbosa, Luis Ferré y García Méndez». Pero esto del *soberanismo* es muy criollo y tardío, no entró por la puerta ancha ni por la cocina, aunque siempre se dijo que *«la independencia estaba a la vuelta de la esquina».* Que por la cocina vendría.

—¡Qué vergüenza!—, habría dicho este Miranda / que se posiciona como su contrafigura.

—*Aberrante: cito a Albizu Campos—, dijo El Tigre.* Cuando invitaron a aquel negro / que protesta que se bajara el porcentaje de la música autóctona del 30 al 10%, en contrataciones oficiales, dicen que éste dijo: — Vengo pero con una periodista, hermosa y digna de su oficio en la tele, y preguntó a *La Ballena Negra,* «si bailaba.

> *Ella me dijo que sí, que la salsa le encantaba.*
> Donde el DJ yo me fui, le dije «Oiga, mi pana,
> ponga música que encienda
> a todo el que este en esta sala»
> Esta es mi oportunidad, yo no la pierdo por nada
> la mujer que a mí me gusta,
> lleva la salsa en mi alma
> No me ponga más nada, que va!
> que yo lo quiero es salsa.

Y como era su buena oportunidad de hacer vida social, recordar a un héroe querido, como fue Miranda, ME (LO) Muñoz, nos lo dijo: *Estén atentos a las caras que vean allí, según se sacudan los trapos, vean cómo y al son de que bailan. El mucho movimiento saca de lo escondido los cucaracheros...*

—Que parece una ballena esa que baila.

—*Mami no importa que te llamen gorda.* Lo que importa es: «*Como baila y como goza*».

—Esta orquesta está monstruosa, felicitan al legislador Varela.

Alguno, en el Partido Popular Democrático estuvo supervisando el taquillaje, en ambas boletería, y llevó el récord de si la gente apetece el Torneo o la Carpa. Cuánto será el recaudo total. Soy quien pregunto: —*¿Usted a qué viene?*

—*¡Pues, yo lo que.quiero es salsa!* —. Así lo dijo la Cabra enamora.

Uno del corazón del rollo, uno que otro más muñocista que Muñoz el Vate, puede que diga que la jeba que ama y lo arrebata es la Libertad; *'me dan ganas de bailar hasta por la mañana; salsa por aquí, salsa por allá'*. Sin embargo, yo le digo: ¿Viste si la libertad ha muerto desde que Aníbal Acevedo Vilá dijera que la Armada Naval americana no debe irse de Vieques, viste si tiene la fuerza para bailar hasta el amanecer y no resbalar en la pista de la historia? Te digo, Padillita, hasta la misma *Cabra Enamorá* es más valiente, duraría más moviendo su nalga en los antros y no te digo que no comprendo las ambivalencias de Aníbal; tocan una salsa, arrebatadora, reculona y él se cansará y contra él quien viene es Bush.

El país en mala administración y corrupción... y, en vez de preparar a la gente en el espíritu combativo de los *soberanistas,* se alió al *estatus quo* de los supercolonialistas, Hernández Colón, el más perverso de ellos, sus hijos, Héctor Ferrer, etc. Y toda esta gente, sumada a él, reclamaría ser el *Niche de la Maya,* adoradores de la Arrebatadora Dora... y fue por lo que Aníbal dijo:

> ... oye, mi gente, cómo toco y soy popular
> que sí se bota / cómo baila y cómo goza;
> como baila, como baila y como baila

... miraba la Dora / como el destino que contra él caería, su némesis... y a toda la base polarizada de La Pava, convertida en el *Niche de la Maya,* no dirigió palabra orientadora, si no que después de los decesos, dijo: «*Déjala, déjala que se bota... / Cómo baila y cómo goza*».

En vez de parar la música, Miranda Marín si lo hubiese hecho [porque hay días para el vacilón y otros para la disciplina], a Aníbal, tu jefecito, le entró culillo.

—Esta música me embruja. / *Soy el niche de la maya / cómo baila y como goza. / Traigo salsa fabulosa, encantadora. / Cómo baila y cómo goza / música del pueblo, al bailador que está en la cosa / ¡cómo baila y cómo goza! / Dale vuelta, dale vuelta, ponte en la onda*».

Nuestra mejor salsa, el más perfecto mambo, lo compusimos en los '50, con el embeleco de que la libertad viene por la cocina después del pan y, en estos momentos, cuando para sobrevivir hay que ser un hijodeputa, falta los líderes verdaderos... —míralos, Padillita, todos con su *Michelle* en la mano, o su ron, a paso de conga, con los *Grandes Paqueteros,*

Ninguno con la comprensión de que el enemigo es el gobierno en cuanto la patria y se ha convertido en burocratización institucional de la perpetuación. Hay gente que cree que su partido es la patria. O un Templo de evangelistas rabiosos, o *fundamentalistas* como la *Secta Mita* y los *ayatolas* de Aarón...

El Estadolibrismo es el sistema de gente sin buen pulmón, aquellos que dan patadas de ahogados, sobre la grasa sucia colonial, donde otros, esta vez los azules de La Palma, fundan una cultura del derroche imitando al modelo federal; pero, a la *Arrebatadora Dora* le importa un pepino *angolo* son con pequeños escrúpulos locales. Ella está sobre cocida fuerza de desprecio.

Muy poco que tolera los *in-foruños* ...

El pueblo se disuelve con este baileteo. Se olvida que el imperio tiene una deuda de 13 trillones de dólares, pero todavía *La DoraLand* es la dueña de estas islas y almas, su patio del Caribe... ¡Pobre de nosotros que nos creemos muy seguros tras el 9/11, y la ley federal que nos asigna cupones, WIC, Plan 8 y subsidios que Santini reparte como suyos, y sin embargo, la pista está resbalosa... no estamos preparados para nada, ni para enfrentar la apatía y el cansancio...

Nos entretendrán, nos ripian, sí, con la cosa del negro, torneos de golf, mucha marcha de rezos evangelistas, tele con *La Comay* y todo, pero nos pueden hasta meter un *super-tubo* que nos parta por el medio, como super-verga, ¿y quién para impedir la depredación y contaminación de esas leches y gases? ¿las corporaciones transnacionales?

¿Quién que nos reencamine por la sustentabilidad económica, después de los años *moscosianos* y la profusión de *Niches de la Maya* que son los mafiosos egoístas, personeros de nuestros liderazgos?

JOHN MEDITA ACERCA DEL PERDON

El ex-guardia de la SS Nazi Iván John Demjanjuk alegadamente a cargo de las cámaras de gas en el **Campo de Concentración Treblinka,** *donde cerca de 875,00 judios fueron asesinados.*

Cuando se vive en el camaleonismo sicológico, en publicidades del cinismo y de la propaganda, sólo dos cosas son posibles. La primera: *«Que se protejan los muertos, en memoria de justicia».* Quiere decir que hay que honrarlos en silencio, en lo menos doloroso, aunque la burla esté viva como herida llagada y aún abierta, ¿y se puede así cerrar el libro del perdón? ... si todo el mundo dice: *«Yo no fui, yo no sabía, otro habrá sido, no yo»...* si los alemanes aprueban para sí mismos condición de 100% inocentes desde hoy, 1969, ¿se puede así cerrar el libro del perdón? ... quienes se perdonan por aministía y expiación colectiva de pecados, ¿informarán que, si alguno se prefigura asesino, genocida, lo llevarán a la justicia, no para tortura, para acusarlo y redefinir el perdón?

¿Se puede? o en represalia, infamia y burla, si hay tal canalla, ¿se pedirá que sea eslavo, o ruso, ya no conscripto por la Guardia SS de Himmler?

... pero el hecho es que 870, 000 judíos fueron asesinados en Treblinka, torturados por verdugos alemanes en Polonia. Así otros hay que preguntan por los muertos expuestos, evidentes cadáveres en mano: 29,000 judíos del exterminio en Sobibor; pero lo hecho es... Que John Demjanjuk dice: «*Yo no hice nada. Yo no estuve en Treblinka. Yo no estuve en Sobibor*».

Pero el hecho es que Rafael Leonidas Trujillo dice: «*Yo no mato haitianos ni mato mariposas*».

Pero el hecho es que Augusto Pinochet dice: «*Yo no mato una mosca*».

Pero el hecho es que O. J. Simpson dice: «*I am 100% innocent*».

Pero el hecho es que Fujimori y Keiko de fotuto dicen: «*Soy inocente. Destruyo el terrorismo*».

Entonces, reactivaron la extradicción del '86 y no sirvió de nada. El sospechoso deviene como «*an American Dreyfus, another innocent Man up Calvary*».

Si es el prospectivo genocida, usted tendrá quien le huela los pedos y lo convierta en santo, en héroe y describa la evidencia que lo inculpa como humo, inmaterial, testimonio perjuro...

Usted es inocente porque el tiempo absolve lo incierto, el tiempo oculta, pierde la memoria, modifica a capricho y treinta años han sido suficientes para que las generaciones del rencor se aquieten y las víctimas se callen de una vez por todas con sus deudos controversiales y bocones.

Hay que culpar la OSI (del espionaje precursor), *Office of Special Investigations* y a la KGB de Yuri

Andropov, que son sus contraespías y siempre alegan que el culpable se esconde, urde y siquitrilla y sigue vivo y se mofa, ¿pero quién es?

... si ya la impunidad transforma en héroe al enemigo y al asesino cobarde se le dice valiente... Es como decir que no han matado a nadie. Que Treblinka es un mito. Que el holocausto es cine experimental: paradójico momento del capitalismo que lleva cuenta estadística de guerras y daños colaterales.

Que cese ya la tarea persecutoria temeraria y perenne, Que no asuma el castigo, que nadie deba, siendo asesino declararse criminal, aunque tenga en sus manos el arma del delito. Que algo tendrá que a ver en los archivos moscovitas de Treblinka que diga: *«Es inocente. El no mata una mosca. Es un patriota pulcro. Y lo haga Dios lo bendice. Es servicio. Es lealtad. Es maravilloso».*

Ninguno quiere ser culpable si ya es viejo. Ninguno la bestia de Treblinka. Nadie quiere ser brutal y sádico como Iván el Terrible, nadie un guardia que latiga las cabezas de los niños para golpear los senos de sus madres.

En algún otro lugar debe estar el gordo y viejo Iván Marchenko, yo sólo soy un chivo expiatorio de odiadores, Monstruo, Mengele, y lo hizo solo; se molestan porque me hice ciudadano de la América gloriosa y esto es lo que hacen conmigo: *«Un-American persecution that has never been that of justice tempered by mercy. It is the same satanic brew of hate and revenge that drove».*

Es preferible que se diga que no hay monstruo vivo o

culpable ningún holocausto, y que el gas venenoso de las cámaras letales se evaporó con los nombres de los presuntos verdugos.

«Yo tenía 23 años en 1943», perjura quien no quiere su ficha criminal de verdugo [asesinos hay que comienzan desde niños] pero envejecen diciendo: *«Yo no soy responsable, yo no quiero ser ahorcado como si fuera Mengele. Ahora soy viejito, no me toquen un pelo».*

Jerusalén, ten piedad y no me subas a la horca como a Adolf Eichmann, en 1961.

«MI CORAZON EN EL DOLOR TAN VIEJO»

«¿Qué tengo yo para ofrecerte? Un verso.
¿Qué doy en cambio de tu amor? Mi pluma».
Ramón María Torres (1867-1903), poeta pepiniano

Cuando el Padre Quintín escuchaba en boca Moncho, sus quejas por tristezas y amores insatisfechos, aquella frase tan manida en sus versos, salida de su boca, *'mi corazón en el dolor tan viejo',* se exaltaba: — Pero, ¿qué sabes tú de *viejuras,* o dolores de viejos, Monchito? Toda tristeza se reduce, en última instancia, y esto imagino que aplica a penas de amor: al hecho de que una de las partes, en cualquier relación afectiva, no es humilde como la otra.

—No seas tan jactancioso sufridor...— resume el cura.

En rigor, es humilde. Lo que el Padre Quintín diga, él lo meditará cuidadosamente, aunque no se atreva a preguntar en frío. —¿Qué puede saber un cura, uno como Quintín Octaviano Perdomo, sobre las ilusiones desvanecidas, el apetito de la carne que se resiente por las vacilaciones del corazón, circundado por «*nocturnal negrura*» y el miedo al rechazo o la frustración de la envidia:

Dime ¡adiós! si te vas. Ya que te pierdo
y miro mi ilusión desvanecida
que me quede siquiera ese recuerdo
de tu infeliz amarga despedida. *

Y, por lo general, el Padre Quintín cada asunto lo lleva a lo económico. La sensación o identificación con la penuria es el origen de las penas. El Dr. Perdomo (que la Teología y la Literatura Clásica se las sabe al derecho y al revés) dice que, leyendo a Martín de Azpilicueta, desentrañó este misterio mitológico, cuasi hermético y lo explica sociológicamente: La griega *Penia* personifica la pobreza y la necesidad, y la necesidad o es madre de la invención remediativa o, en el peor de los casos, causa inmediata de la auto marginación y el sentimiento de culpa con que se odian los detalles de penurias, así como a otros que las atestiguan.

Moncho Lira, aprendiz de poeta, enamorado de Isaura Scharrón, piensa que ella atestigua lo peor de su vida que no tiene nada que ofrecerle. No tiene tierras ni ganado como los Cabrero ni almacenes como los

Oronoz. No tiene otra cosa que la fama de *bastardo* y que sabe leer.

Mas no es suficiente, no con una Scharrón.

Es casi un lujo en el siglo que disfrute los mismos libros y autores que el Dr. Perdomo, quien estudió en la Universidad de Salamanca: Cervantes, su Quijote, Gaspar Núñez de Arce, Espronceda, su favorito. Castelar, Víctor Hugo... —Es casi un lujo; pero para ella no significa nada.

En cambio, para explicar los desequilibrios de Pueblo, los prejuicios en sus etapas de nocturnalia y negrura, la *hora de Apolonio de Tiana,* como dice el fraile cuando saca del anaquel de sus libros el *Manual de Confesores y Penitentes* (1553) de Azpilicueta, el secreto de la felicidad es dar lo que uno es, lo mejor que tiene.

El ofrece su versimetría inspirada, lirismo. No hay duda; pero, después vacila. Es como si diera la renuncia a la riqueza que tiene: «*¿Qué doy en cambio de tu amor? Mi pluma»,* se tortura. El Padre Quintín halló un pedazo de papel con el poema *Respóndeme* que Ramón María enviarán a revistas aguadillanas con que colabora, o tal vez al periódico *La Democracia,* donde Rodríguez Cabrero y Muñoz le publican.

Cuando Moncho se monta en las *nocturnalias y* cree que todo el mundo le mira con *«negra pupila»* y que en su espejo sólo se mira pobreza, menosprecia que su mentor el culto teólogo le lleva a los tiempos de Martín de Azpilcueta, *Doctor navarrus* por navarrés de. Barásoain y el valle de Baztán, como arguye que son los Oronoces del pueblo del Pepino. Hay otros, canarios, que son *hijosdalgos* y hay otros, Oronoz provenientes de

Jaureguízar y éstos hasta tendrían sus palacios.

Quintín Perdomo, ciudadano, no es Estrictamente *fisiócrata,* término con que clasificara el tipo de cultura de su natal Coamo y las Vegas del Pepino donde vino a dar con sus huesos y, en general, en todo Borinquén. desde hace rato, no había un movimiento que entre reyes y a súbditos, conciliara los intereses individuales de unos y otro es el individualismo y el gozo de riqueza lo que hace que choquen. Tal vez sea su forma de mentar el *pecado* porque el individualismo es lo que ha desapegado el orden natural (lo ideal) y el orden positivo.

Lo que ha sucedido es la intensificación de la pasión lujuriante por lo terrenal, inclusive ese amor de Moncho por Isaura, que se ha transformado en mercancía y obsesión de contrato.

—Ese es el mundo de la realidad: Codicia individualista, alguien que pide y uno que está dispuesto a dar todo, lo único que tiene: versos y pluma. Tú eres del viejo mundo natural y vives en el nuevo régimen, sin libre juego ante las nuevas normas del *laissez faire, laissez passer,* y en la situación en que te pones al renunciar a tu pluma y al culpar, sin soluciones al mundo, resultará inevitablemente que vivas frustrado, con desventajas, a merced de conflictos económicos y la desarmonía total.

> ¿Qué doy en cambio de tu amor?
> ... «Mi pluma».

—El individualismo es lo que nos deja sin la soga y sin la cabra—, filosofa el Padre Quintín, otro que estudió en Salamanca; pero, contrario a él, Martín allí dio cátedra por 14 años antes de ser promovido por Carlos V a una plaza en el Consejo Real de Navarra. En Salamanca, Martin se vio obligado a doctorarse de nuevo en Cánones, —y esto es importante. Aquí un sabio que estudió Filosofía y Teología en Alcalá, después Derecho Canónico en la universidad de Toulouse, y lo enseño en Cahors. Y, en su España natal, se le dijo; 'usted no es sabio' y 'aquí no aceptamos grados obtenidos en el extranjero'. Había tomado el hábito de la Orden de Canónigos regulares de san Agustín y se dio el lujo de rechazar cátedras y canonjía en Pamplona, y donde quiera que antes le menospreciaron, también dijo 'tenga y enganche, lo rehúso'.

Ante el emperador Carlos V disertó acerca del origen democrático del poder. Defendió a los inocentes acusados de herejía y, aquellos que le dijeron *'no eres competente',* vieron cómo el rey Juan III de Portugal le concedió la cátedra de *Prima de Cánones* y una renta anual de ochocientos cincuenta ducados, además de una chantría en la catedral de aquella ciudad. Eso es muy diferente a tener que despedirse después de que alguien nos pidiera todo lo que tenemos...

—Ramón María, hijo mío, por ninguna autoridad, sea mujer o sea rey, sea la propiedad o el reino de este mundo, ofrezcas ni verso ni pluma, si es lo mejor que tienes... y lo mejor que uno tiene es la libertad y la armonía.

«¿Qué tengo yo para ofrecerte? Armonía.
¿Qué doy en cambio de tu amor? Libertad».

—Este es el punto de vista que tengo como teólogo, yo, tu hermano mayor, Quintín Perdomo que no busco ni usuras ni simonías cuando se trata de *ecclesiaticorum redditibus beneficiorum*... denme sólo el respeto de aceptarme como soy y con lo que tengo, si que lo que traigo se redujo a un poco de versos y mi pluma. Si no tienes tierras ni comercio y tu pluma es tu herramienta de trabajo, no la ofrezcas para quedarte sin nada. Hay quien sólo vive de herencias recibidas, de simonías o de sacar beneficios a un cargo, tú no eres de eso; pero, si tienes el corazón en dolor, es porque no o entiendes o alguien te exige que tengas lo que nunca tendrás... Esa es la enseñanza de *Martin / Dr. Navarrus /* cuando habla sobre la miseria y el misterio de *Penia*, la *daimon*... Le economía moderna, si ha de ser eficaz, no tiene que pedirte que lo ofrezcas todo al que ya tiene demasiado. Esa es la peor prueba de amor que se puede pedir al menesteroso. Por amor hazte más pobre'. Camina en rodillas y ábrete las venas. ¿Por qué? El cura vuelve a meditar ante el poeta.

—Fue en la Escuela de Salamanca que el aprendizaje de mi poca economía me fue instruido por Martín de Azpilcueta, mucho antes que la Economía Clásica de Adam Smith y sus seguidores... y te hablo sobre Martin y sus tiempos, casi los de Maricastaña y Colón, cuando fue tabú defender la licitud del cobro de intereses en préstamos. La iglesia quería que la usura se entendiera a su modo, pero, con metales preciosos que provienen de las colonias de América, hay que comenzar a repensar la economía. Y pensar a Penia / la Penuria / es formular una teoría del valor-escasez en los siguientes o como escribía Martin el Navarrés: *La capacidad adquisitiva del dinero en los distintos países es relativa y se determina según la abundancia o escasez de metales preciosos que hubiera en ellos... Toda mercancía se hace más cara cuando su demanda es más fuerte y su oferta escasea».*

Moncho Lira, poeta y escribiente en el Archivo Parroquial de un villorio tan pobre, lleno de anémicos y descalzos, tiene suerte de que el Padre Quintín anime su amor por el Verso y la Pluma; pero, el fray quien discute con él el futuro de una *Teoría Cuantitativa del Dinero,* se siente casi ofendido. *Cambias la virtud por una nalgas, confundes el amor con las preferencias temporales de los bienes presentes.*

> *¡Respóndeme por fin! Enfermo y triste*
> *escucharé tu confesión extraña.*
> *¡No es la primera vez que en pie resiste*
> *al hórrido aquilón, la débil caña!*

El Padre Quintín lo mira fijamente: —No hay una confesión extraña. Tú hablas a los que ya, por seguro, heredaron la riqueza y a sus bienes presentes los valoran más que a los bienes futuros. Respóndeme tú si ella es así, que siendo joven y con porvenir te hace sentir enfermo y triste como *'débil caña'* amenazada por el

Aquilón... Sentí que te despedías de mí porque yo represento más al amor que ella. amor a quien anima libertad individual y económica. Un poquito de usura no viene mal. Comes y te pago por la escribiduría en la parroquia, porque sí que hacemos milagros con limosnas y algo cobramos de usura, *ecclesiaticorum redditibus beneficiorum,* y necesitamos algo de separación de Iglesia y Estado, ¿crees que es por diversión que leo a Víctor Hugo o Castelar?

— ...Yo creo en que Isaura...

—Y yo también Y creo y, en más. Que toda mujer abra la boca y diga lo que siente y tenga los derechos que el varón, pero, Ramón, que no haga infeliz la despedida, o produzca desamor, sólo porque no tienes más sueldo o más hacienda que migajas de la Iglesia pueda darle... y, si creo en darte tu cuarto, porque en algo me ayudas y yo creo en Ella, en cada mujer, y creo en ti...

— Pero no como yo creo en ella...

—Hijo mío, un consejo te doy. No te deshagas la herramienta que creará futuros bienes, el derecho a educarte y pensar por ti mismo. No lo hagas por nadie. Amor no es eso. A quienes no promulguen con leyes y derechos naturales es mejor dejarles quietos y ganar distancia ante ellos. Heredaron propiedades, dinero, esclavos y darán lo mismo como su herencia según el Derecho positivo. Espiritualmente, puede que tengan menos que tú y si el individualismo corruptor es lo que llaman su *riqueza,* recuerda que con tal riqueza han cometido o permitido las traiciones humanas y vicios que prevalecen: por ejemplo, la esclavitud.

El cura no acaba su lección ante el poeta:

—Tú, aquí en el Pueblo donde vivieron Alers, Scharrón, Font, Vélez y otros, viste sus últimos aleteos. ¿Olvidaste la negrada entre el peonaje en haciendas del campo? ¿el garrote vil del gobierno, el castigo corporal, el maltrato del niño y la madre, opresión y vicio entre obreros? Que no te quiten la pluma ni el rigor en el verso... Martín de Azpilicueta, aún anciano, enseñaba que todavía hay mucho que hacer, que no sólo fue en su caso alimentar a unas sobrinas y protegerlas. Fue dar defensa a Bartolomé de Carranza, arzobispo de Toledo y cardenal primado de España. Lo acusaron de herejía ante el tribunal de la Inquisición y era inocente, justo que es la mejor inocencia. a Martín le sobraba 'Pluma y Verso' para defender derechos humanos. El Papa Pío V dijo al agustino, según leo: *lo sacaste inocente; Martin, supiste tú como hacer milagros;* pero no eran milagros, Moncho mío. No. Era un amor más grande que el individualismo.

04-08-2007

- Los versos citados son de la autoría del poeta Ramón María Torres, alias *Moncho Lira*

MI NOVIA ES ROMANTICA

«Ellas han sabido formarse un nuevo diccionario en que aboliendo todos los nombres comunes, se dan a las cosas y a las personas otros más sonoros, eufónicos y retumbantes. Un amante se llama un trovador o un apuesto doncel... Agregue usted aquel hablar medidamente afectado, aquel mirar lánguido y estudiado, aquella inclinación extraña y violenta hacia adelante, aquel andar si no natural, al menos gracioso y compasado, aquella aflicción de su rostro, efecto sin duda de la absorción en que está continuamente sumida y tendrá usted una romántica observada a primera vista en la iglesias, en el paseo o en el teatro»: **Fragmento** de **Los románticos,** en **El Aguinaldo,** 1839

Compadre: sin preámbulos, me caso dentro de quince días...

—¿Alguna jibarita tan hermosa que dejó usted en el campo antes de irse a París?

—No, compadre.

—¿Algún mal paso comprometedor por andar obsesionado por los ojos verdes de Rosario, como el gringo Douglas de Ramey Fields con ella, la 'intocable' mesera que Clivillé le cuidara a Ángelo?

—No. Nada de eso. Ni siquiera comprenderías mi fascinación si antes no te explico lo que es una niña o señorita romántica y ella lo es. Voy a hacerle un retrato porque lo romántico puede que sea lo que menos esperas. Para mí, ella es hermosa, no inefablemente hermosa, Es que la veo en un es espacio, un lugar y tiempo, hija de la hora y la estudio como si repasa el texto de las Tres Unidades aristotélicas, me consumo en el drama de verla. Ella me tienta. Es la que propone que vea su desnudez, a la que llamo 'la perfección de las curvas' y los círculos, en sorprende blancura rosicler de las carnes; pero en la casa que vive de umbrías recámaras y largos pasillos se habituado a vestirse con ropas casi monjiles. La casa fue un monasterio para honrar a San Basilio... todas estas cosas me las dice en prosa y verso. Una, que se habituó a los ambientes nocturnos, pero no luctuosos. Dos, que le gusta llorar de alegría y sumir en el pensamiento de que alguien, casi fantasmal como Cupido que busca a Psique, viene por ella. Ese trovador soy yo, alguien viene de lejos como un prototipo de liberación y rebeldía (como Don Juan, el pirata, Prometeo), quebrantadores de normativa o tradiciones que ahoguen su libertad. *«Quebranta la prosa en cuanto puedas y me enamoras con versos. Te llamo Trovador, no amante»*, pero, tres, que puedo, me autoriza, echar abajo toda las ropas que nos estorba...

Compadre, ella me compara con James Boswell a mediados del siglo xviii, pide que le lea de mis libros de viaje, algo así como bitácoras de islas. *An Account of Corsica,* de 1786, es donde James acuñó el término 'romanticismo'. Puerto Rico se le antoja Córcega... Pues, siendo largo mi viaje, más lejano de París que Córcega y siendo que me autoriza a echar abajo sus ropajes y examinar su carne, como buen estudiante de medicina en Paris, sumado que estaré de viaje para informar a mi padre (y a usted compadre) que me caso, le digo a mi bella Angélica medievaloide, en esa recámara umbría; yo sé que el exotismo es una manera de ser en la nostalgia... debes estar muy segura de tu belleza para esconderla en los ropajes, en tantos escenario, como en la Antigüedad. Te daré con amor la piedad intensa a la que deseas retornar. Y este lugar bien que parecen las ruinas de la Abadía en el robledal de Caspar David Friedrich, pero, si te amara, verías cómo coincide una belleza ideal, como la tuya, con el racionalismo, la virtud, la línea suave y la forma, el culto a la Antigüedad clásica y al Mediterráneo... Te han escondido y humillado, mi tesoro Hebe, el placer. Tu idea de lo romántico es dejar de tener corazón, o no soltar riendas a la pasión, por miedo a lo irracional, lo imaginario, el desorden, la exaltación... Pero, ¿qué tal? si hundo ese tercer botón, si te autorizo a abrir tu mundo en lo oscuro... de tu escondite medieval... y te gloso de la *República* VI [— Juntos digamos— que hay algo *Bello-en-sí* y *Bueno-en-sí* y, análogamente, respecto a todas aquellas cosas que postulábamos como múltiples, las postulamos como siendo una unidad, de acuerdo con una Idea única, y llamamos a cada una 'lo que es'»].

—¿Y fueron a lo que es, muchacho del demonio?

—Fui, compadre y confirmé que, como leyera de Mateo Calle Vera: la belleza: «[— *sea animal o cualquier otra cosa compuesta de algunas —no solamente debe tener o tiene ya ordenadas sus partes sino además con magnitud determinada y no al acaso — porque la belleza consiste en magnitud y orden — [...] como en cuerpos y animales es, sin duda, necesaria una magnitud, más visible toda ella de vez, de parecida manera tramas y argumentos deben tener una magnitud tal que resulte fácilmente retenible por la memoria...]»* y no puedo olvidar ese animal hermoso que es la muchacha. Es rara, pero me caso... Es tan blanca y rosada que no la asocio a diosas grecolatinas. Parece una valquiria para mis consolaciones, si acaso es que estoy enfermo de amor y de muerte, y están comenzando a surtir efectos los hechizos de las druidesas y su propia *Nachtmahr* (pesadilla nocturna), un cuadro de J. H. Füssli, que la hembrita describe como el equivalente de lo que siente...

—¿Y qué es lo que sientes tú y lo que ella?

—¡Las mismas visiones híbridas y lascivas!... Yo no abandono nada como Füssli. El abandonó sus estudios religiosos para dedicarse a la pintura; yo abandonaría mi visión neoclásica por esos arrebatos románticos de ella que, sin embargo, la entregan a mis brazos, con la invitación, a que sea yo quien lea versos en torno a la isla exótica en el Trópico, y leo a Gautier Benítez, compadre, y me compensa: *«gózame con gestos arrebatados y hazme soñar con distorsiones ópticas»*... ¿Quién pudiera soñar, desde sus brazos que este es el comienzo, o secuela romántica, de la Restauración, volver a la Revolución Gloriosa y al Grito de Viva La Pepa...

—Entonces, de veras, que tan bello animal te ha desquiciado y te enamora...

—Sí, compadre. Bien es cierto que su voz tan afectada, me incomoda... que a veces deja de ser dulce y se falsea, se vuelve *mandona* o caprichosa como solo una mujercilla coqueta sabe, me incita a pensar si es capaz de dejar de ser *buena-en-sí,* porque bella lo es… pero, no puede ser *buena-en-sí,* quien se obsede con lo horrendo, grotesco y desconcertante, lo atrozmente impactante… y pregunto, compadre, ¿se incluye como parte del paquete de lo bello?… Me cuenta sus pesadillas, pero no admite problemas emocionales… pesadillas durante las cuales se representa la tortura o suplicios inhumano ¿es eso mal indicio? A veces rehúsa leer libros que la induzcan a tales pesadillas… Lo que se las detiene es leer a dos autores que llama sus favoritos, de cabecera…

—¿Quiénes?

—Marqués de Sade, Leopold von Sacher-Masoch).

—O peor el remedio que las enfermedad, me preocupa. ¿Se puede obtener placer, incluso goce sexual del dolor ajeno o incluso del propio? Ese marqués es un demonio pelú.

—Es que el arte que le gusta debe según me dice provocar una reacción emocional que la apasione… Le gusta lo siniestro a mi bellaca hermosa…—, la justifica su enamorado. Cree que, poco a poco, la amoldará a los requisitos locales. Su padre / que lo envío a París / es tan conservador como el compadre y le tenía ya una jibarita, pero con buenos apellidos y recatadas virtudes, para que se case.

—Mira que no, rotundo no, me da mala espina que traigas a la isla una extranjera a quien no le agrade la belleza serena o pintoresca, que es lo que podemos ofrecerle en Puerto Rico… aquí la Inquisición manda y los pueblitos son tribales, no hay justicia ni piedad para criaturas como Lucrezia Borgia(s), por mas lindos animalitos que sean... Yo no recomiendo ni lo meláncolico ni lo repulsivo en las artes ni escenas grotescas, sádicas o de terror... y menos en la vida y que vengan a educar mis hijos con tales basuras, por estéticas que por su valor lo recomiende Edward Munch y los expresionistas... Bien, si fue mi consejo lo que querías, ya sabes. ¡No, papá! Arrepiéntete a tiempo. No vuelvas a comerte la gallinita, sin examinar todo su plumaje y lo que tiene debajo de las alas. En las pechugas de las bonitas se esconden alfileres, no solo perlas del escote... No te comas la gallinita otra vez para que no te sientas comprometido.

—Es que es tan convincente, compadre, con la carne, con la *Belleza-En-sí*; y aún cuando dice: La conciencia debe ser el Yo como entidad autónoma y, frente a la universalidad de la razón dieciochesca, tan aburrida y prohibitoria, realimentarse con alternativas, un poco de la fantasía y el sentimiento. *«Soy romántica, Trovador, porque creo en el Genio creador y en el universo propio, de los trovadores. Me aburre lo común».*

¿Crees que se le puede decir a ella que no... si te ofrece en el mismo paquete de su *Bello-En-Si* en hembritud, cosas que yo considero ideales que las tenga un varón? Esto es, que impugne el despotismo ilustrado, que nos gobierna. Y la adecuación a los cánones que nos castran.

MULLER Y LA ADULTERA

Dejar-ser significa entregarse al ente. Esto no debe entenderse como una simple manera de manipular, conservar, tener cuidado, organizar el ente presente o propuesto. *Dejar-ser* el ente –a saber, como el ente que es–, significa entregarse a lo abierto y a su abertura, en la cual penetra y mora todo ente y que éste lleva, por así decir, con él: **Martin Heidegger [*De la Esencia de la Verdad*, 1952].**

De las cosas que me extravían, quiero decir, amigo Aldebarán, asuntos que me *eslembaron* alguna vez y que yo consideré lo peligroso, ya no quedan muchas. No me sorprendo que siempre habla sobre poder quien no lo tiene. Es como escuchar un congreso de ignorantes opinando y cuya rutina de estupideces no da nota.

No oigo a nadie entregado a la responsabilidad y posibilidad de encontrarse de nuevo con un poder ser que indague en sus posibilidades.

Cuando yo empecé a plantear que la incompetencia de personajes en el Capitolio que tienen por propuestas que salen de un casco como el de un juey: lleno de mierda. Es lo que se entiende por un congreso de ignorantes.

Te hablaré sobre la representante de mi pueblo. Una que se plantea lo que designa como mayor apertura. *Apertura* en el sentido de lo no-revelado, pero que es posible, para manipular, conservar, tener cuidado, organizar el ente presente o propuesto. Esta abertura la ha concebido el pensamiento occidental en su comienzo como ια αληϑεα [*das Unverborgene*].

En el Capitolio, Muller, quien es un juey, con menos mierda en el casco, me contó que ella abrió su corazón ante él, dizque porque tienen inquietudes filosóficas. Es cierto que en ambos sus formaciones académicas no son las humanidades, sino que Evelyn se instruyó en las áreas de Mercadeo y Administración en la *Inter* y en Universidad de Phoenix. Dijo que tiene una Maestría y él mira su boca, *«vaya boca y dientecitos, ah»*. Es besable, mas él desea que se atenúen sus erecciones, o *«que ella pasara a morder / mamar»,* del ser-ahí pulposo, donde la becaria Lewinsky compadecía con fruición a Clinton.

Mas ella estaba meditando en serio filosóficamente, con ritmo guarachero, planteándose asuntos como la paz mundial, la contaminación de los ecosistemas, el afeamiento del ser humano, en alma y cuerpo, por exceso de codicia y corrupción. Materialismo. *«Para aquellos que usan las armas, / para aquellos que nos contaminan, / para aquellos que hacen la guerra»,* Evelyn hablaba.

—¿Decías?

—Que estoy contigo y te hablé.

—¿Que me dijiste?

—Que no tengo complejo de grabadora».

Sorprendió a Peter Muller en las batuecas, y siempre

en el gesto de ver cuando ella cruza la pierna. Le obsesiona saber si usa o no pantaletas. El caza sus incentivos para seguir como el combatiente 'boina verde', arrastrándose hacia sus ciénagas. Le gustaría ahogarse entre ese matorral de su vulva.

—¿En qué piensas? ¿Por qué no me escuchas?

Sócrates sabía que la vejez es un hecho objetivo, *«momento fatal en la vida humana»*, pero renegaba de ella y, en parte, porque, como lo decía una anciana del Centro en Isabela, *«cuando se transforma el cuerpo, se origina el pecado. La vejez es lo decadente y trágico de nuestra esencia y querer verla, como Aristóteles, sólo como hecho biológico, es un error de miopía».*

¡Ah, cómo a Evelyn la llenó de culpa y de asco aquella anciana, que catalizó toda su preocupación por la belleza, el análisis en torno a cómo embellecer lo que se pudre, o se degrada, aunque sea maquillándolo, cómo se podrá llevar otra vez la dignidad de la ancianidad a las pasarelas, no sólo que sea la moza la que llene los ojos y ofrezca la alegría.

—Te decía que tengo preocupaciones filosóficas, humanísticas; me acuerdo de una anciana, sin dientes, más arrugada que una pasita en un pastel de ñame, y me decía que fue Platón quien dijo que el anciano es el único portador de las virtudes, el mejor conversador, el creador de la Dialéctica.

Y él, como asesor, quiere *abrirse* / como ella hizo con el corazón / él, más bien, si la pudiera abrir de patas / la cubrirla con confesiones más prácticas o eróticas. Quiere hacer sexo con ella en el carro.

Muller, el asesor legislativo, dice que estar sin sexo le

contamina con ese alegado mal del olvido que desagrada a los puertorriqueños.

El intimismo / intercambio de confidencias /se inició cuando se quejó de que su esposa Maribel es una *babosa*. Es la pasita de uva *Del Monte*. Y Evelyn, recién electa senadora, es más tonta que cagar de pie. El Senado está lleno de esos sujetos. ¿A quién querrá impresionar? El hemiciclo Senado se ha llenado de atorrantes.

Maribel recuerda las viejas que Evelyn le describe, o pasajes filosóficos sobre la *eticidad concreta* de la ancianidad. No hay por qué endiosar a los ancianos; tampoco, demonizarlos. Los semitas deificaron a los ancianos. Dios era el *Anciano de los Días*...

—Vamos, Evelyn. Te corresponde alabar otras cosas; ser más pagana. Imagínate que eres como la hembra de la Grecia Arcaica, modelo de la naturaleza idealizada en cuanto es bella y feraz.

Sí, él la anima a que haga y publique su calendario.

—Como aquellos que publicó *La Trevi,* ¿has oído de Gloria?

¡Vaya si Muller sabía trabajar, persuasivamente, en-pro-de variedad de intenciones con la guapa senadora! Halagar vanidad, primer enfoque y, en cuanto, asegurar la posesión le dijo que, en mayo del 2009, como si fuese una promesa de amantes consensuales, que se divorciaría de Maribel y que, una vez logrado esto, se fraguarían como el dueto de profesionales sin par, a fin de cumplir los proyectos que la senadora, sí, ella... tiene en su cabecita incomprendida.

El plan se destinó a sal y agua porque Muller no siguió

adelante con el divorcio y le surgió fama de adúltero. — No es bueno que la prensa diga que llevamos una relación extramarital—, le dijo Evelyn, «primero porque, si bien nos acostamos, no dormimos juntos. Te asigné tu propia habitación, pero es para tenerte cerca por si urgiera de tus consultas profesionales, y no tengas que dar cara a la bruja de tu mujer.

Ella se enteró por documentos legales sobre la división de bienes gananciales de su esposa y que, se menciona a Muller como persona inclinada al trato cruel, además de adúltero. Es un golpeador, mantenido. Pero, dispuso, ya que ambos les gusta el dinero: —¿Me golpearías si fueses ya mi pareja de planta en mi apartamento?

Lo ha dejado mudo y lelo.

Ella preside las *Comisiones de Asuntos de la Mujer* y es integrante de las *Comisiones Conjuntas sobre la Revisión y Reforma del Código Civil.* En rigor, lo que a él recuerda es lo que ella dijo «... *yo soy una senadora de 'A', y para los zombis mi cerebro hubiera sido como un filé miñón».*

Se ha enterado que Maribel, de 53 años de edad, es la propietaria de la embotelladora de agua purificada, *La Cascada* y Evelyn le tocó el punto: —¡No me cojas de pendeja, Muller! ¿Qué esperas de tu relación previa y cómo quitarás a la bruja *La Cascada* del medio? Vista la división de bienes gananciales, ¿Cómo procederás?

El mentió; pero la senadora lo investigaba porque, por su cargo en las Comisiones, accesa información y, cuando no la tiene, la poya el derecho a pedirla. Hace su trabajo. Hará apenas una horas tuvo que tomar la decisión de hacerlo.

El cadáver de una mujer fue localizado en un pastizal aledaño a su residencia, en Alturas de Caguas. Aún no había la seguridad de que el cuerpo fuese el de Maribel, la ex-de Muller. Lo confirmado objetivamente fue que murió de una herida punzante en el abdomen; propinada con arma blanca y tenía marcas de golpes y una herida sobre una ceja.

Todo le dio mucho coraje y angustia y saldría de Capitolio a poner el CD con música de carnaval. Se humectaría de pies a cabeza con *Baby Oil* y se pondría un *panty thong* o un hilo dental. Lo modelaría ante el espejo, adorándose.

Para aquellos que usan las armas de la ocultación, para aquellos que nos contaminan con su insinceridad, para aquellos que hacen la guerra al corazón con aproximaciones malintencionadas y ventajas arteras, puso oídos sordos. Su hombre la ofendió y mintió como un cobarde. a lo que dijo el hombre.

—No me cojas de mangó bajito.

Evelyn lo oye, sin dar muestra de saber lo que ha pasado: «*Que se trata de una mujer esquizoide, que le huye a las verdades del presente, que se repliega en sus creencias y esos pocos espacios que tuvo en el sector Alturas de Caguas, Barrio Beatriz para ser más exactos, y lo forzaba a que él, marido joven, se quedara allí, como en una rata en rincón ante tremenda Felina, en caída*».

Muller es un gallo alzando cresta cuanto mas puede.

—No es justo para mí, quien soy joven y atractivo y no quiero cuentas con esa loca ni vivir en su asilo, cautivo con angustia y soledad como fondo de patología.

Añade ella: —Yo soy como tú: una jiribilla, no un

muerto-vivo, o un zombí como los ancianos.

Al fin parece que hablan sobre los mismo y se escucharon: —Me asqueo al tratar con esos viejitos que se babean cuando conversan o mientras se amarran al pasado de sus nostalgias. Mas bien, quedan silenciosos. Como búhos. Para ellos, la noción de futuro es la muerte deseada.

—¿Me comprendes, Evelyn? A veces uno quisiera ya que puede uno matarlos... ayudar un poco en la tarea de morirlos. Hay muertes deseadas

En lo que se soluciona el caso legal de la pareja adúltera y el atentado a la mujer, Evelyn y él fingen demencia, dizque que trabajar para un proyecto que se describe como pieza con alcance de impacto filosófico: Un proyecto para maquillar todo lo viejo.

Dejar-ser el ente – difícil tarea en este país, donde nadie se entrega a tener cuidado por los entes, conservarlos y organizarlos con responsabilidad. A la única apertura a que se entregan lo que forman parejas es la apertura de piernas. No obstante, citan el poder-ser que abre (las carteras), poder libremente flotante, caprichosamente indiferenciado.

MAS VALE MAÑA QUE FUERZA

Un día lo vio. El engreído, parejero, pasó ante su balcón del segundo piso. Y quien lo mira, lo tuvo en la garganta; no lo pasa. Por eso, el escupidor juntó fuerzas y tosidos al verlo que avanzaba y, no bien caminó sobre la acera, a sus bajos, con el recaudo de un gargajo espeso, calculado por el odio que le tenía desde chico, lo bautizó desde lo alto y se escondió.

El escupido bañó la frente a la víctima. Se escurrió a las narices, le mojó los bigotes y la comisura del labio. —Relámete, abusador—. Y, al visualizar el balcón por el que pudo echarse tal húmedo disparo, la víctima dijo:

—Esto no se queda así, carajo.

A él que de ajeno viste, no se le quitarán sabores de venganza; a él nadie le desviste de la fama que ha creado. El no se cura con malva. El va y despoja. El no es un perro flaco. El no se viste de pulgas. Es un engreído de los buenos. Fornido, abusón, burlador que se mofa del débil y el pendejo.

Buscó la escalera que lleva a ese segundo piso. Alguien tendrá que dar sus cuentas y corre y sube, porque en caliente tomará venganza. Quien lo escupió está lleno de nervios, aunque, en su corazón se festeja. Diez veces vengadas están las humillaciones que han recibido él y quienes ama. ¿Quién lo iba a decir? ¡Que él, desde un balconcillo, se vengara con un escupitajo, con artera puntería! Alcanza un hueso de perro gordo, aunque él sea un perro flaco y realengo.

Está feliz; pero, no es tarde cuando sospecha que el engreído subirá, calculando espacios y balcones y es capaz de tirar su puerta, si él no abriera. Vendrá a cerciorarse de la existencia del agresor cobarde que se esconde tras la puerta ... Es mejor no estar, no oír, no darse por culpable y que lo delaten los nervios...

Fue por lo que corrió hasta el extremo del pasillo fuera del apartamento, se escondió con presteza y vio que su vecino, policía de oficio, sin verlo a él, entraba por una puerta aledaña, exactamente al lado de la suya, desde el otro extremo. Buena coartada ya tuvo.

El agargajado, al verlo, le hizo señales, dio gritos. Acertó a verlo salir, cerrando la puerta con la llave y pensó que fingía entrar después de haberlo escupido. Seguro que piensa que escapará de él. —¿A dónde cree que va, hijodeputa?

El policía está en ropa de civil; pero armado y, en el bolsillo de su saco, tiene unas esposas y su carnet de agente del orden público.

No se dieron explicaciones. Se enfrascaron en una riña a puños delante de la puerta del vecino. El policía interpretó que vino en son de robo. —Gente es que viste lo que en la calle roba— ; dijo, pero, allí... en el piso, el policía está identificándolo.

El escupidor se adelanta, camina cautelosa y lentamente. Fingirá que llega al auxilio. Tiembla con una culpa en vilo. —Hazme de testigo—, dijo el policía a su vecino. Lo tiene bocabajo, aturdido sobre el piso, sus manos esposadas y brazos angulados a la espalda contra la rabadilla.

Con gesto victorioso, el guardia puso uno de sus pies encima de una de las orejas del engreído agargajado. El zapato policíaco lo fija con la mejilla al cemento de largo pasillo de apartamento en el segundo piso.

— Se habría metido en tu apartamento y el mío, si no lo detengo— , lo anunció. — De este ladrón, también reportaré que me ha agredido— , y sacó el celular para llamar más apoyo de una patrulla policíaca.

CUANDO LOS HOMBRES TENIAN RABO

Cuando Carl von Linné murió en 1783, Sara, su mujer, intuyó la feliz venganza a las puertas. Se alegró por la oportunidad de deshacerse, al fin, de miles de cajas de gusanos. Dudaba de lo que Carlos Lineo le decía El prefería que le llamaran Carlitos Lineo (por Carl Linnaeus), ella lo redujo al oficio, el coleccionista de gorgojos y alimentador de gusanos.

—Mujer, mujer, esto que menosprecias es tan valioso que se le puede vender a los bancos.

Visionario, a su modo, Lineo suponía que sus sagradas colecciones son la manifestación biológica del Sistema de la Naturaleza. En las colecciones se incluían

14, 000 plantas sembraditas en sus macetas, 3,198 insectos, con sus respectivos nidos y gorgojos asociados, 1,564 conchas, caracoles y embelequerías, si sumamos 3,000 cartas con otros locos por las aventuras científicas o las herejías como y 1,600 libros, que ni hay espacio para tenerlos ni esperanza de que nadie los lea. Alguien, fuera de la familia, se los saco de la casa después del sepelio de Carlos.

Un jovenzuelo, estudiante de medicina, compró todo el paquete y fundo lo que es hoy la Sociedad Linneus de Londres.

La Viuda Dona Sara sigue creyendo, religiosamente, que tuvo la mala pata de casarse con un hombre excéntrico que, desde los albores de su matrimonio, habría pesado que ella fue poca cosa una hembra simiesca porque le hizo poco caso. Una celebridad como Jean-Jacques Rousseau, el filosofo franco-suizo, le envió un carta que lo saluda 'no hay un hombre más valioso que el', bah... pero el no lo conocía en la intimidad, en la cotidiana jodiendo de los días como ella. —Siempre hiede a gusano, a bosque, a lodo de aguas estancadas— y lo mismo le ha comentado a la secretaria de Johann Wolfgang von Goethe. Con la excepción de Shakespeare y Espinoza, ningún otro ser viviente me ha influido tan positivamente... Pues suerte que tiene Goethe y Augusto Strindberg, quienes saludan al Príncipe de los Botánicos, con palabras de maravilla, —Plinio del Norte, segundo-Adam, el —único que no es un Príapo faludo y con rabo de simio, en esta Humanidad en que se ha perdido la cola...

La Viuda no se come esos cuentos. En la casa no

quiere ateos, ni libros ni más tiestos con plantas, que traigan cucarachas y moscas.

Sea católico o protestante, el que da misa en la Iglesia y cuida a los feligreses a la casa de ella no va ni permite que vayan los cristianos. Han creado un cerco de silencio que la aísla. La Viuda de Christopher Tärnström, al que llamaron el primer discípulo / apóstol de las creencias de Lineo, la odia cuando Sara no tiene otra culpa que haber sido esposa del botánico.

—El dejó a mis hijos sin padre; manda a gente buena a que le busque muestras de plantas y gorgojos a las islas lejanas, donde enferman con fiebres tropicales, o venenos surtidos por mordidas de serpientes o abejorros extraños... Mira lo que hizo con mi esposo, muerto por especímenes, en la Isla de Cô Sơn; mira lo que seis de sus apóstoles sufren desde que es rector de la Universidad de Uppsala y entrega becas y financia expediciones para el Sistema Académico Linnaeus que a el da prestigio internacional, a nosotras, viudas y parentelas, pérdida, tragedia y orfandad... Ellos, si regresan, traen nuevas plantas, animalejos, rocas, conchas, para ser clasificadas; ellos, a la enfermedad, a la anonimia, a la muerte...

No sabe la gente que las oye, cual es más amarga, si la Viuda Sara o Tärnström, la Viuda. Le importa un bledo a los dos si fueron las esposas de los que han descrito de manera pionera la Bio-Diversidad, de aquellos formuladores que aprendieron (o desaprendieron) a clasificar lo vivo y darle sus nomenclaturas. No quieren otra cosa que las regalías de la **Flora Lapponica,** que inaugural la literatura del Género Botánico. No quieren que nadie / de los pretendidos sabios de Uppsala venga a este sepelio, o hable delante de la tumba de Carlos. No lo conocieron como es, no llegaron cuando estuvo paralitico y con ciática, no podía utilizar ni la mano derecha, con la que se limpiaba el ano y comía. Mas Dona Sara estaba allí, viéndole echar elogios a los artículos que escribió el mismo y ya no se recuerda de su autoría. No quiere que se le nombre como Carl von Linné.

Ahora se ha latinazado y Haeckel, otro de los sabios amigos, arguye que con Linneus precisamente es que la Academia científica comienza a preguntar sobre el origen humano y su anthropomorpha. Es el primero que lo clasifica y le dice primate simiesco, mono de mierda, 'homo caudatus', poseedor de cola y fue en la primera edición de **Systema Naturae.**

Sin embargo, concluye el cura que, a duras penas, ha venido a dar las Unciones Extremas: —Separado de Dios por las vanidades de sus propias explicaciones, describe un origen de si mismo o la nueva especie humana pecadora a tenor con lo que dijeron los nativos rencorosos que quieren asustar a los colonos cándidos europeos para que no se establezcan en sus pueblos. Y eso es lo que dice, nuestro pobre hermano Carlos: —exagerados cuentos en torno a cuatro razas, o criaturas de las leyendas: raza del Fénix, Dragones, Críptidos, Trogloditas y Sátiros, paradojas de lo no existente, metáforas que inspira lo humano in abstracto...

—Aun lo sabios navegantes de la Compañía Suiza de las Indias Orientales declara como falacia la existencia de los sátiros peludos. No hay tal cosa como las hidras ni

categorías tan simplecomo Europæus albus o America-
nus rubescens, blanco o rojo, no son términos que
clasifiquen a nadie ni con rigor social ni orgánico. Que es
tal cosa como Asiaticus fuscus / de tono luri-
dus o Africanus niger: teorías tan necias como aquellas
de los Cuatro Temperamentos de la Antigüedad
Clásica...

—Linnaeus ha desperdiciado su tiempo. Entiendo la
queja de la Buena viuda Sara, sola porque él se va a la
India en aras de hallar los Trogloditas de Bonti, o
el Lucifer de Aldrovandi, un pigmeo o un sátiro, que no
son otras cosa que criaturas selváticas de Dios, tal vez
menos deformadas en sus almas que nosotros mismos...

KIM CLIN CLIN

Un hombre bueno, ¿quién hay que diga lo contrario? Dio veinte años de su vida a la empresa con la que trabajara, años fieles de *clin-clin,* mas, justa y cuidadosamente compensables, aderezados, en atención al nuevo jefe y taller del semanario.

— Kim está malo, el buen Kim —, fue el lamento.

Después de otros quince años previos, como reportero deportivo y, aún como reportero de noticias sociales en Tijuana, B.C., México, él se mudó de Tijuana *al Norte.* Reubicado en el Condado de Orange, al Sur de California, continuó en el ramo periodístico. Acerca de él es que hablamos. De él porque se echa de menos su flaca presencia en los parques de pelota y canchas de fútbol...

En verdad, como nadie es perfecto, en torno a él y su legado, hay sus versiones. Con sus notas, Kim fue desvergonzado. Además del salario, cada notilla suya escondía su *clin-clin.*

Alguna sutileza él tendría para hilar en su tema futbolístico como parte de la urdimbre de una deuda pendiente que dejara el director / dueño de equipo / sin pagar. Al final de cada articulejo, como si fuera esencial a sus descripciones del partido y el informe de sus resultados, enviaba el recordatorio.

El cobro de la nota publicada, haya sido el propósito el de inflar la victoria o la actuación del entrenador del equipo, podía ser un *six-pack de chelas.* «*Y tú sabes: ¡No bebo Coors; por si acaso te acuerdas!*»

Una foto incluida cuesta tanto. Una foto innecesaria, el doble. Kim es negocio puro.

Hacer que él sonriera a su enemigo es cuestión de responder a un *'¿de a cómo no? y vámonos recio'*. Nada es FREE, decía este sabio chino, *FuManChú* con guaraches y más flaco que el hambre.

— *Que se nos va el buen Kim* — , me dijeron.

—*No se va. De seguro que hace alguna transa con la Muerte.*

Probablemente. El vicio del cigarro lo convirtió en un chacuaco empedernido. Fumaba de tabacos fuertes y apestosos. «*De algo me voy a morir*», porfiaba él y, para que no se equivocara, vino el preaviso de La Calaca. Lo estremecieron dos embolias continuas y quedó tieso del lado derecho de su cuerpo.

Un día después no llegó el trabajo. Amaneció en el hospital y, en cierto modo, casi *pidiendo cacao* ante *La Bribona* huesuda. En las empresas para las que trabajó, dijeron: —¡Apenas ni te conozco, pinchi Kim!

El viejo resultó, al fin y a la postre, *inmigrante indocumentado.* En la tierra de ilusiones, la Tierra del Mito, aquí donde su mujer lo abandonara, tuvo tres o cuatros críos. Al final, quedó cuasi inválido, tartamudo a los 60 y pico de años y, peor aún, con sus *cuentonones* por gastos médico-hospitalarios. Quienes fueron sus jefespatrones no querrán su parte en los adeudos.

—¿A quién se pagó el dinero que se descontó por concepto del Seguro Social? ¿A quién el descuento anual por razón de sus *State & federal taxes?*—

Al parecer, tiene tres o cinco nombres, *que sea Kim quien resuelva el asunto,* dijo el jefe por no echarse la bronca y el mito.

¡Cómo sacan al parche los que, a final del partido, no quieren las cercanías con esos duendes de las ocasiones disruptivas que llevan en sí su propio impulso de disloque! Este coreano es de esos duendes traviesos e impensables.

—¡Pobre Kim!—, se decía sobre él porque fue un tipo bonachón, más popular que simpático.

—¡Pobre si no tuviera pa'l entierro!

—Quedará con una pata chueca y un brazo muerto—, dijo el hijo.

CODO E IGNORADOR

Era amigo de quien quería, casi ternurosamente; pero, a quien no le agradaba, lo distanciaba de sí rotundamente. Negaba hasta el saludo. Como si viese un ser inexistente, no dirigía a él ni la palabra. Si no entrabas en el imperio de su gracia, hablarle sería como hablar a la pared.

No era chismoso. Simplemente, ignorador. También tuvo sus detalles de viejo *rabo verde,* enamoradizo. Obsequiaba un *chicle,* un dulce, algún detalle, que no hubiese costado a su cartera. Era, para joderla más, feo y cursi. *Codo*, miserable, aprovechado. Una mujer de buen culo, con trasero curvo, ya sería, para él, la hermosura andante y, si tuviera menos lengua vulgar que una cultura narcisista, ya era su 'musa'. Entraría en la iconografía de sus placeres y pretenciosidades.

En éste, su último empleo, ha sido descrito como un *chueco*. Como en regla con el PRIsauriato, se legitima. «*Nada tuvo que cumpliera con las normas del 'This is America':* su tarjeta de Seguro Social, sus trámites de residencia, su licencia de manejo, todo tenía sus marcos fraudulentos... Hasta la credencial de elector mexicana fue resultado de un trámite chueco, sabe Dios cuándo...

—Nada se pudo hacer por ayudarlo—, explicaría el jefe a sus compañeros de trabajo que aún preguntan por el Viejo Codo, el reportero al que llamaban «*El Chino*».

—Aún está recluido; la terapia será larga.

—Pobre chino—, dijeron.

—No. Coreano—, aclararon.

Un coreano, nativo de Veracruz, que no hablaría ni pizca de sus idiomas ancestrales, tan sólo ese español tan turbio característico del esnobismo y la Tijuana fronteriza, *Spanglish* con *chilli sauce,* internacionalizado e impuro. Cursi, casi mamón, sí, estaba lleno de modismos.

Lo delataba su gusto por usar los guaraches, una cachucha de *L.A. Angels* o el uniforme de árbitro de béisbol. Arbitraba, a razón de $30 por hora de juego. Para que no hubiese duda de él que arbitra los juegos de las temporadas *amateur* de las Ligas y obtiene su dinero extra los fines de semana, se calzaba sus *tennis shoes* al menos cada lunes.

No se sabía cuando tenía los ojos abiertos por oblicuos. El silencio desubica.

—*Lo uso con la chota y la migra. Con el pico callado, no me incrimino.*

A no ser que abriera la boca, uno que otro policía gringo, se engañaba.

Cuando quedó solo, pues se casaron sus hijos, la única compañía que se buscó fue su enorme perro, a quien quiso más que a su madre. Dicen que rentó su *garage* en ciertos periodos de penuria; pero el perro, ese enorme perro, fue demasiado celoso de la casa y echó esos negocios a perder.

¿Kim como un tipo gordo y con dientes? Primero muerto que cadáver... «*Chino, corrupto y mellado*», «*pinchi chino culero, clinclinero*», a menudo fueron las frases con la que se le describiera. Casi siempre andaba en fachas, con la misma ropa y el hediondo tufo de cigarro. Le gustaba, al parecer, que los amigos de su círculo verbalizaran su cruda estampa. Lo acusaran de ser lo que es y había sido, según recuerdo haberlo oído: la perfección de quien muerde, del corrupto. Sólo así se auparía para decir: *La corrupción somos todos.*

Alguna vez, por los ingratos tratos maritales de la señora que le abandonara, a falta de sus atenciones más sutiles y deudas más dignas y macizas de macho, empinó el codo, se pegó sus chupes. Desde que las *chelas* le gustaron, con calculada moderación pues tuvo hijos y quiso dar buen ejemplo, él fabricó sus frases de despecho.

Evitó el desconsuelo:

—«*¡Ay, Amalia, cómo me has ponido!*»

Si, Tuvo mujer. Parece que la quiso, más no lo suficiente, para entregar a ella la casa que ambos compraron. El la demandó por infiel y le quitó los hijos. No se avergonzaría, en lo inmediato ni más tarde, al decirlo. No le dio ni para *tacos de tinga*. Menos la casa que había comprado en Tijuana. —*Que la mantenga y la teche su amante o su marido. Cornudo, pero no pendejo.*

De sus casas, sentía orgullo. Son ejemplos de que poco a poco, de poquito a poquito, se va formando el charquito. Dos veces logró el *Sueño Americano.*

—A clin clin fue, pero lo conseguí.

Se jactó de la heredad que dará a sus hijos. Casas pagadas con sus muchos *kim-clines*.

Clin-clin-clin, onomatopeya de monedas constantes y sonantes.

—*De cacahuate pa'rriba lo que caiga*—, decía.

Hay que aprender a vivir ciertamente, pero no de ideales; indispensable es ser práctico. Tenía sus facetas de filósofo pragmático.

Por mí, creo yo, sentí cierto odio grande como vida; y la conciencia aún alcanzada por el cinismo.

—No sabes vivir aún de las patadas; tal vez no has vivido jamás en la pobreza—, me decía.

Justificó el dicho *'la corrupción somos todos'* y su convicción de que todo ha de ser compensado. El PRI fue su escuela ideológica y él es agradecido en cuanto aprendió cómo se habría de manejar en la vida.

—*Cayendo el muerto y soltando el llanto*—, frase favorita a la que añadía: «*Sobre el muerto las coronas*» y «*callitos, ¿crees que mi perro no come?*

Un favor no está exento. —*¿De a cómo no?* — y el favor se cumple. Por tal razón, ni un aventón a la casa era capaz de ofrecer al que lo solicitara como acto de confianza y amistad, yendo por la misma ruta. Antes diría: —*Bueno, aún no veo claro*—. La claridad del billete verde, la claridad de la paga, favor adeudado.

Le encantaba jugar el dominó. Se conocía todos los trucos de baraja. Con la gente más viciosa, casi *lumpenizada*, pero, ya rehabilitada de sus derrumbes morales, hizo buenas migas. Tenía dos oficinas, una en la redacción del periódico; otra, en un club de ex-alcohólicos, donde podía fumar a gusto, beber café a todas horas y jugar a la baraja, billar o dominó, hasta altas horas de la noche.

Cuando se murió Don Chava, el amigo más querido que tuvo, conoció a quien llamaba *'mi hijo'*, un joven gentil que iniciaría su propia empresa, se sintió solo. El club de ex-alcohólicos cerró y el 'hijo' dejó de visitar al viejo cariñoso, casi chocho por sentimentalidad tardía.

Una noche en su casa lo sorprendió un dolor en el pecho. Le dio hasta un derrame cerebral. Alcanzó a subir a la cama para esperar la muerte. Se vio solo. Adolorido y postrado, ni pudo telefonear por auxilio en su emergencia. Su 'hijo postizo', el Gordo, llegó a visitarlo, por casualidad, la otra mañana. Lo llevó al hospital porque, aunque débil y paralizado, estaba vivo. Se dio a entender en señas. El Gordo lo cargó en brazos. Kim no era el mismo; pero, todos los que rieron sus gracias, o pagaron sus *clinclines,* lo dieron por muerto.

Mas sobrevivió.

Con La Calaca también practica sus *kim-clines.*

4-8-2002

;

FIGURACIONES DE DON PEPE CANCIO

a José Luis R. Cancio Cores, fallecido

«Le gusta la controversia y reúne magníficas condiciones para las justas forenses»: **Andrés Méndez Liciaga, Boceto histórico del Pepino** (La Voz de la Patria, 1925)

Lo que más agrada a Don Pepe, de quien Andrés Méndez Liciaga profetizara *(«brillará como abogado porque estudia mucho, le gusta la carrera y es un buen amigo de los libros amarillos»)* es, en adición a las Leyes, la política. Por *«culto, ilustrado, talentoso», «abogado competente, discreto y muy activo»* ha sabido atraerse las simpatías populares.

Digno hijo de cepa de los campos, su sangre es la del médico Miguel R. Cancio y Vendrell y doña Lupita Cores.

Sirvió como juez municipal de Pepino durante la administración del Alcalde Rivera Negroni, entre 1919 y 1922. Se cuajó su deseo de servir como diputado en la Cámara Legislativa por el Distrito de Aguadilla-Isabela y ha visto la trayectoria hacia la que Puerto Rico se enrumbara, siempre con sus sentidos atentos. Para él, la colonia es nefasta. —Colonia es un lugar con leyes malas, infierno jurídico, donde se venden los principios—, arguyó. Don Pepe es memorable porque obtuvo ante el Tribunal Supremo la nulidad de la Ley de Salario Mínimo cuando se pretendió su aplicación en la isla. —El disparate de oprimir a empleados, desapareciendo a patronos», resume.

Le dio tristeza, por lo aprendido de la experiencia, tener que negociar ante las Cortes la libertad de Juan Antonio Corretjer, el poeta nacional, y le deprimió ya que, en el caso, vio gente, en particular, colegas y funcionarios que postergaron la noción de principio y convicción filosófica a la preferencia de partido.

—*Preference of principles to party or party over principle?*—, preguntaría con su inglés 'pepiniano', o montuno, que le recuerda a su colega. don Víctor Primo Martínez pronunciando la zeta ante José de Diego, ambos peleándose por un hispanismo sentimental, decorativo y sin sentido. Martínez sólo quería golpear con la ponzoña, desde el tentáculo de su cola que salpica saliva de la Sin Hueso o su Trapo Rojo, tozudo e inmaduro. —A veces hay que entender por la vía más mordaz que un principio no es una bandera. Ni un color pare el trapo ni un asta para colgarlo en alto.

A menudo sostener principios no da popularidad y simpatía con la gente. Atrae motes de culpabilidad y resentimiento, traición e hipocresía. El, por ejemplo, siendo anexionista, defendió a Juan Antonio por principio y vio en los principios suyos reflejados los de él.

—Y mi partido se enojaba conmigo. Con presiones fuertes me dijeron que dejara que ese nacionalista /

antiamericano / comunista al final / Corretjer / se pudriera en las cárceles de Atlanta, que pasara de ese modo y que antes que yo abrir la boca por él y, si al final, si lo optara, que le sacara hasta el último centavo! — Que lo pelara hasta el hambre.

Dice que siente mucho asco, por toda gente que se entrega a la corrupción de los partidos y navega con banderines falsos, como los piratas. Y no es por ser elitista que él tenga un sistema de principios como el que tiene; —Soy elitista, lo sé y no sólo me fijo en las circunstancias de agravación y atenuación de las penas. o en penas que deben corregirse y ser proporcionales al delito, por si acaso uno es pobre y otro rico. Entiendo que con dinero el segundo, quien lo tiene, se ampara y corrompe la justicia. Por esta razón, pongo los principios por encima del elitismo, la bandera y la clase. Y por principios mido la pena según el peligro del acto cometido y no meramente por la moralidad del acto, según lo defina la ley... Me atemoriza que, en la ley, existan errores, formas de culpabilidad fuera de enfoque y aún, prácticas con mala fe.

Ahora, viejito como una pasa, sigue mentalmente alerta como cuando tuvo la madurez de instintos, durante aquella época en que Corretjer, por participar junto a Pedro Albizu, en alguna campaña nacionalista, en 1932 fue exiliado en las frías mazmorras de Atlanta. Como abogado, don Pepe admitió su defensa. —No cometieron siquiera un delito. No lo es ir al Capitolio y reclamar el símbolo de su bandera, o significado de la misma... Si juzgamos la proporcionalidad de la pena al delito, quien cometía ofensa grave contra ellos, fue el gobierno. Yo sostenía este principio, si hay democracia, el Capitolio debe ser la casa del pueblo. Vaya Albizu y Corretjer, cada uno solo o por su lado. O vayan con 800 vecinos de entre quienes escucharon el mítin en la Plaza Baldorioty.

Y fue una porción numerosa de los 800, presentes en el mitin, quienes decidieron ir por la Toma del Capitolio de Puerta de Tierra en San Juan, y protestar, afuera y dentro, con la delegación apropiada, contra un proyecto de ley que atentaba contra la dignidad de la bandera nacional puertorriqueña. —A mí me pareció bien hecho que Albizu Campos invitara a una multitud a que lo acompañara al Capitolio, ese año de 1932. Precisamente, durante una conmemoración del natalicio de De Diego, en la Plaza Baldorioty. Lo que sucedió es que, en el tránsito de la ruta hacia el Capitolio, frente a donde hoy se encuentra el edificio de Hacienda, ocurrió un accidente, o un incidente de forcejeo. Y la Policía tiende a exagerarlo todo. Opina paranoicamente. Es parte de su sicología y del asignar importancia exagerada a sus comportamientos, o al empujón que propina, o al macanazo *pega'o.*

Se ríe para más ponerse a tono con sus figuraciones. —Fue cuando se escocotó (Ángel Manuel) Suárez Díaz. Fue cuando armarse con palos en el recibidor del Capitolio, edificio que por la banda sur estaba en reparaciones, se tomó como un simulacro de conflicto antes de la Segunda Guerra. Suárez Díaz se cayó. Un accidente le ocurre a cualquiera. Apuesto a que no quería ser mártir... Es sencillo. En el Capitolio se derrumbó una baranda. No, no. Jamás hubo tal cosa como una revolución para apropiarse la bandera.

En su estilo de defensa, Don Pepe es lógico y anti-mitológico. Puede que haya habido, en algún momento, forcejeos callejeros. Se trata de numerosa gente que se abre paso hacia la casa de gobierno. Los nacionalistas son obstruidos por elementos de la Policía. —Distinto es que se piense que hubo intención de matar a alguno. A Manuel Suárez, por ejemplo. Distinto es que se piense, después de la Ley Jones y crearse una Legislatura, que es ilícito que vaya el pueblo y vea qué pasa y qué se aprueba en la Legislatura.

Habla sobre el signo de racismo que permeara la época. Un trato racista a Albizu y que precede a su primer arresto, norma con la que han de tratarlo siempre. —Albizu Campos es un líder negro, con formación en Harvard, y esto no es *malum in se*. Es esperanzador en Puerto Rico; es alegría para Puerto Rico... ¡Qué maravillosa cosa! Jorge Celso Barbosa y Albizu tienen en común la negritud. Y a los dos se les aplaude y ama, pero, en el gobierno colonial que desde los EE.UU. se diseña, la oferta es dixiocrática. El sistema político, en cuanto es poder, no ama a nadie, antes los aplasta a los dos. Desde Washington, D. C., el Partido Demócrata extiende su racismo o la perpetuación de la aristocracia Bourbon, la supremacía blanca practicada por los sureños y que ha ganado el Norte y no permite que el negro vote, o compita... El KKK ha renacido y no es extraño que hayan tipos como el Dr. Rhoads enviados a Puerto Rico... La prensa entonces lo repudiará, como hizo Luis Baldoni, empleado del Hospital Presbiteriano y nacionalista, al conocerlo y denunciar que el coronel

Cornelius Rhoads, se jactara de inocula células cancerosas en pacientes para que muera «*la raza de cobardes y torpes puertorriqueños*».

—¿Pero cree usted que hay principios en esos años de Hoover y Roosevelt / unos que sean profundamente democráticos / sustentados por encima de los partidos y que repercutan en Puerto Rico? ¿Con quiénes cree que estará la lealtad en esa época de los '30, que es la del fascismo mundial, el desencanto por la democracia?

Don Pepe, no rehúye una respuesta. Por las inestabilidades político-sociales, la *inteligentzia,* dirigentes, fuerzas vivas y aún, masas, con miedo remanente, «apuestan a las dictaduras». Menciona a Primo de Rivera en España, a Somoza, Trujillo, Duvalier, e,l haitiano, dictadores latinoamericanos en gestación en el Sur que los EE.UU. bendecirá porque se comportan como Tories, privilegiados de reyes / o absolutistas poderosos / o la aristocracia hacendataria. Y, según se fortalezca Alemania e Italia, que se inclinaron a la dictadura, más se borrará la democracia del mapa. Sólo en Norteamérica, la Constitución prevaleció; pero, —en la práctica no hay democracia ni solidaridad.

A la gente no le importa. Los ingresos del americano promedio se redujeron un 40%, —y había mucho coraje y una necesidad. Cuando no hay dinero, la democracia no funciona. La Constitución no se come. El hombre enceguece y se fanatiza. Se dedica a escuchar los juegos de los Yankees en la radio y a maldecir su miseria.

Con el Presidente. Hoover, tan culpado por la Depresión y como crítico de las políticas del *Nuevo Trato,* lo que había que revertir fue la tendencia de la nación al estatismo. —Si fuese necesario otro alivio al extranjero, levantemos el espíritu y el principio del que nos jactamos, como americanos, que la ayuda provenga del sector privado.

¿Y qué sucedería, si el que necesitara ayuda, ya no es como los pobladores de Europa Central o como fueron los rusos, gente de ojos azules y blancos como la nieve? Ahora, distinto a principio del decenio del '20, son negros, mexicanos, chinos, gente pobre, no anglicana. Gente judía y étnica, gente campesina del Oeste que puebla arrabales / *hoovervilles* / y la *American Relief Administration,* que antes organizara alivios / ayudas exteriores / para los bolcheviques hambreados por los crudos inviernos, hoy es la que no quiere que el Estado ponga un centavo... Hoover, acusado de bolchevismo muchas veces, por una prensa cínica y racista, periódicos de los supremacistas y semanarios de Ku Klux Klanes, levantará el principio, convocará a que se prefiera antes a las vilezas de los partidos: —*Twenty million people are starving. Whatever their politics, they shall be fed!*

Don Pepe trata de juzgar a Hoover.

—Debemos alimentar a los hambrientos. Es cierto. Sean 20 millones de rusos, o 20 millones de seres humanos, entre los que haya millón y medio de puertorriqueños. Lo que el abogado llama *'levantar el principio'* es no comportarnos como asesinos... Esto es difícil de creer y de explicar porque regresamos del Armisticio, de la Primer Guerra y, por encima del partidos y banderías, queremos creer en la libertad, en el bienestar y el progreso.

—Creer que el buen americano que nos da PRERA, ayuda por las emergencias, entre el huracán, o las inclemencias o enfermedades tropicales o el cáncer, es difícil de creer. Lo era para Albizu—... Y enojaba al establecimiento colonial al suponerlo. De veras que si el Estado está en bancarrota, si han echado el fisco a los perros, al financiar la primera Gran Guerra, ahora será el mundo corporativo al que haya que pedir cooperación, menos lucro egoísta. —Esto es difícil de creer. Quienes han enriquecido con la venta de armas y contratos de servicios, quien ha sido próspero siempre, no es el más generoso, no irá a saciar a los empobrecidos.

Don Pepe parece obsesionado con este hecho: — Hay penas que deben corregirse, peligrosas sentencias que no son proporcionales al delito y corríjanse por si acaso uno es pobre y otro rico. Entiendo que con dinero quien lo tiene se ampara y corrompe la justicia.

En familias elitistas, cada quien, uno, puede que sea diferente. No es lo mismo Juan y Miguel García, 'el Pitirre' en el Senado, que Manuel y son la misma sangre de los García Méndez. Viéndolo en su lógica de jurista: —Dos cosas están por encima de las preferencias de partido, banderas e ideología: el pan que saciará el hambre, la libertad para hacer cosas buenas... y yo no sé si, en esa generación antes de la segunda guerra, se aprendió lo suficiente.

—Me gusta pensar que sí.

Después de Hoover, vino Franklin Roosevelt. Uno que fue muy mesiánico. Y utilizó bien la radio. En el pasado, la gente se educaba con radiolas. —La misma gente juega a la baraja; en e; '30, el whisky volvió a las cantinas, los jóvenes bailaron con las grandes bandas de la época... —En Puerto Rico, más pobres... Todo lo que concierna al nacionalismo, a Albizu con su potencial de negritud aglutinadora, desde antes del comienzo del decenio, estaba siendo molido. En 1931, se suspendió a 138 universitarios y a su vez, se hizo despidos injustificados de empleados del sistema en casi todo renglón de actividad pública, o docente, o administrativa.

—Y, total, Albizu fue encontrado *no culpable* del delito de incitación a motín de que se le acusó.

Que van a convertir la Bandera de Puerto Rico, aquella supuestamente diseñada por la Sección de Puerto Rico del Partido Revolucionario Cubano y por Antonio Vélez Alvarado, militante en el Partido Nacionalista, en Bandera Oficial de la colonia, —bah, ¿por qué hacer reclamos de exclusividad por banderas? En hacer esa bandera, por la que Albizu pidió que se marchara a Puerta de Tierra, participó todo el mundo. ¡Hasta anexionistas y confederados! Usarla con fines electorales es menos importante que entender el principio espiritual de una bandera... yo se lo dije a Juan Antonio. En última instancia, materialmente dicho, una bandera es una tela pintada.

Después de diez años de ausencia, Corretjer regresó a Puerto Rico y junto a su compañera Consuelo Lee ingresó en el Partido Comunista. Posteriormente, en marzo de 1948. —Esto sí me dio pena. Lo vi. Es tan deshonesto cuando un cliente preso vive de espaldas al hecho de que su defensor, gringo que llevara el caso de Corretjer, y le presumía marxista, le enamora la mujer...

—Yo, anexionista, elitista, si así han querido

decirme, aplaudo muchos cosas que fueron principios y que, como tales daban vidas, en la boca de Albizu y Corretjer, no creo en abogar por ninguna revolución armada; pero, cuando Corretjer y Consuelo participaron en la orga-nización de la Escuela Betances, el concepto de Unión del Pueblo Pro-Constituyente y sistemas de alfabe-tización, me agradaban... Me podía reunir en su coraje, seguir la pista al escorpión y convalidar su juicio histórico contra el imperialismo, que es lamentar el apoyo que Washington dio a Samoza, la *United Fruits,* a Castillo Armas (que derroca a Guzmán Arbenz en Guatemala), apoyos americanos a las dictaduras que van de Perón a Aramburo... Sentí su coraje contra Astol Calero y Muñoz. Desde el decenio de 1950, Calero lo seguía a New York y Chicago, pero yo le di buenos consejos a esos muchachos; no recojan palos o garrotes del suelo, en ruta hacia el Capitolio; no hagan cosas que parezcan malas a no ser que tengan los recursos materiales de victoria y no los tienen. Nunca los tuvieron ni los tendrán. ¿Para qué entonces hablar de lucha armada, si somos una cajita de fósforos y estamos dentro... Un escorpión nos empuja al precipicio de una pira de fuego.

—Ustedes tienen los principios; pero esos principios son espirituales, esto es, están por encima del elitismo, la bandera de trapo, la lengua, la retórica de violencia y lucha armada. Vayan con paso firme sin sostenerse de barandas, sin sólido fundamento.

23-09-1980

MEMORIA DEL ULTRAJE DE FLORIS

¿Qué maldad hay si digo que soy una flor, cualquiera sea? ¡Una angiosperma! ¿Unos rosales? ¿Unas sinandras o un mirto? ¿Qué orden me hará menos si mi piel es un coro de pétalos o una voz con la ausencia de oyentes porque estoy en los rubiales, casi desconocida, o en una charca de asechos como las lilifloras?

¡En el ovario, tengo aromas y siempre busco el sol y sus manos acariciadoras! Y danzo porque mi sueño es dicotiledóneo y quiero dividirme y bendecir las penumbras y escuchar su abrazo, desde algún movimiento de sol o geotropismo...

El recuerdo es doloroso. Grito brutal. Duele en mi memoria y nadie quiere que recuerde y cunda mi pánico y sea vergüenza y acusación para todos aquellos que dijeron: *Bájate los carpelos. Posa en este cartel de la agresión. Házte objeto quieto, mustio, clavada en la maceta, pieza de mis maquinarias, cómplice de los mercados, hija del tráfico de carnes y vidas...*

Lamento con terror y se desoye mi historia con el androceo y la frase procaz con que dijera, con voz zigomorfa: Ha llegado tu hora. cuando entonces tuve yo mi estigma sin manchas y quedé, sin desearlo, llena de manchas y estigmas!

Entre las angiospermas, Floris Virginal fue mi nombre. ¿Qué pude haber sido yo en la garulla de esa multitud de la llovizna que nos cubre; qué pude ser yo (si no algo inocuo, indefensa estrella de una espora) de cara al sol que fue testigo cuando abrí mis vasos, sedienta de ramas, y recibí el agua pura y un rayo luminoso? Que alguien bendijera mis cimientos quise y, por tal razón, junté mis manos y fabriqué un recipiente. Cobijé un espacio y su semilla, hilé un nexo con la viveza de las bendiciones: quise servir a lo que es una mirada, una manifestada plenitud de lo posible.

¡Quise ser nido y alimentar a polluelos!

No soy sustancia etérea, heraclitiana; yo soy el vaso, el recipiente femenino, la realidad, no la pirueta vaga de lo vivo; el esplendor de los colores soy, las suaves urgencias que claman por el barro, la apofánsis del ser que late en humedades y clama por su amparo y ser amparo. Y de las azancas escondidas broté, olorosamente, y con un deseo de empujar los colores de tez blanca, amarilla o negra, quise ser humana y tener el talle alto de mi mujerío y el bohordo espigado, con terminales de pétalos y labios por una boca con rojo vivo.

¡Eso aún soy y he querido serlo! y no lo han agradecido quienes gritan cuando yo callo, o comienzo a llorar, o no junto las fuerzas, para desafiar a esas manos inmensas, rudas, sangrientas, que pegan en mi rostro y me deshojan.

¡Me queda la sed de ser! ¡Ser para otros! ¡Y mi llanto es frágil y duro es mi dolor! Tengo manchas y estigmas y mi pasado delata demasiado ultraje a mi derredor. Se deshoja mi belleza si ninguno cuida de mí dulcemente... ni riega este pequeño espacio donde estoy y se anhela una alborada mejor desde el huincul terregoso donde me han clavado, a contra gusto.

Me dispersaría por voluntad del viento lejos de los androceos.

No sé si vendrá alguno, entre quienes aún no he conocido a querer lo que soy y, si entre quienes conozco, se ofrendará un amor arrepentido, menos torvo o violento.

Aquí, lejos del vergel, a la Venus de Calipigia, con sus nalgas y pechos de piedra, adefesios de porcelanas, se las pondera más que a mi raíz que tiene carne viva y presencia de grana. ¡Pero también este llanto profundo!

¿Hay alguno que vea en mí a la flor, la ninfa casta que anhelara ser, siéndo en cada instante, y que metida en tiesto y calabacín de esclavitud terminara?

El Androceo, vestido de jabarda y duro ipil, marcó su sombra y mis pétalos temblaron. ¡Tiemblan todavía! Su estambre, como daga, se exhibiría ante mí. Un fullero desnudo de panículas, averrugado, con el color del ausubo y ¡qué voz y aliento de mala espina! ¡Qué piel de brácteas al quitarse la capa y mostrar las anteras, qué azoofílico mirar que no imaginará al amor, ni naciendo mil veces, pujado por la tierra! Si no mira lo que soy, si no entiende lo que fui, ¡maldita sea su enorme polla y el polen amargo de su brutalidad! No lo voy a querer. No lo querré a mi lado.

Vestí, acarpelada. Me cubrí con orugos y malezas. Camuflaje más protector me dieron las bestias de los montes. Y aún los pájaros y los telares de una araña. Mi rubia tez, como azucena de los campos, amaneció y yo con más terror que toda cosa viva y, ante el espejo de la luz solar, que dio mi fotosíntesis, aún habría agradecido que se me ocultara de la brisa y la naciente mañana...

Como hembra, al fin, a solas conocí mi pistilo y supe que mis ovarios carpeludos olerán a fleromas con los días y sus ciclos de caducidad y abundancia.Y que las gotas de rocío me delatarán al amanecer, quizás un poco menos que las guajanas livianas, alborotadoras en la selva tropicalosa donde vivo. Hasta ese entonces, ningún estambre, por más que lo pidiera, en hambre de echarse sobre el tálamo y chupar mi receptáculo en la noche, pudo lo que quiso, aunque yo hasta el sépalo quisiera.

Espera un poco más, dije porque, sépanlo: virgen soy hasta el cáliz de mis lamentos, y el sol si me besa las mejillas, me entretiene y los verticilos de mi inocencia se glorían.

Es difícil vivir para los soles.

Casta para el sol sería hasta el periantío. ¡Y qué poco sol, qué poca madre, el que hurtara a la luna vino y me sujetó con su fuerza, como ladrón en la noche! ¡Y quema mucho, falsa radiancia con falso sol en grumos de golpes bajos y violencia! ¿Por qué ojetes, saltando entre otras hojas, se avalanzó sobre tersuras que, aún no son llamadas a la oxitocina? Se atravesó como mutilador, daga en mano. Citó la tocineta y se dio banquete ¡ay! conmigo. Los androceos como lilifloras y se jactan.

—¡Cobardes!

Avanzó como flor de la maravilla, lobo vestido de cordero y autosuficiencia.

—¡Atracador, injusto! —

Dije todo lo que antojé. Su iridáceo ornato no dio derecho a que brincara sobre mis pétalos.

Cruel simiente, ¿quién le dio consentimiento? Se equivocó como oreja hongosa, sordo a mis súplicas. Se pegó, con su rugosa madrépora y chinga madre. ¡Me has ofendido! Que se vaya, entonces, con su troncosa estirpe hasta guayabo y se divierta, pero no conmigo y malhaya sea la pútrida pepa que lo germinó.

¡Por eso, ni lo quise ni lo quiero!

—¡*Quítate el carpelo!* —, ordenó como si fácil me gustara echar mis pantaletas a rodar al viento, o mecerme en las valvas de su verde ramaje. Ni entre colmeneros escuché tal maña autoritaria, ese dar en la flor como en cueros de tambores, golpear, seducirme, ultrajarme.

¿Qué cuesta respetar mi primavera? ¿Vive él como gandaya, a *floralis ludi?*

—Calla, malandro, helecho con cara de poliandro, que soy doncella de la corola al periantío—, porfié.

El contestó: —¡*Cuatro pólenes me importa, cuatro flautas!*

Se agarró el estambre como quien empuña su bayoneta calada en la oscura senda del deseo y escupió su manotazo pegajoso hasta salpicar mis pétalos. —*No te escaparás, coralita.*

Para entregar sus anteras, a palos de cundango, él cosquilleó mi tallo. Echó mi falda abajo. A causa de sus juegos de lúbricas truhanerías y movimientos, me vi levitada y a su alcance.

¿Qué pude hacer si fijada a raíz estuve y el céfiro se

escondió en una nube y por el vuelo doliente del ramaje, me ví tan indefensa y vulnerable. Hasta para la rudas manos del jardinero, me traicionaba en la soledad de la encerrona y su esquinazo en la penumbra.

A veces, a una flor, el vendaval, su ventolera, la revuelca y erosiona, desde adentro con minas de luna, y perdonas. Un escuadrón obrero de abispillas es mucho más que la energía que guardas. Así sucedió. Una abejota gorda y muy maníaca, se armó de su aguijón a cierta altura de mi penacho. Y me llenó de miedo. Hasta mí bajó un gusano hosco y chupó un sorbo de mi alma y lanzó una granada desde el aire. Todavía no comprendo...

¡Ay, el picorcillo que dejan sus mordidas, ¡ay! son granujadas de lujuria, pero digo yo, viva sea la misericordia: ¡cómo se chupa la dulzura de mis hojas, pero yo soy una rosa ¡y no se respetaron mis besos!

Con traición, el androceo, aprovechador de soledades inoportunas, no escuchó que pedí su piedad. ¿A quién diré pues: espera? Falomafiosos me entregaron al tugurio y comedero. Se comportaron como una subclase de mogrollos.

¡Cuando una abeja te enciende la jalea y te deja apendejada en el orgasmo, cuídate, *floris virginal,* otro peor vendrá a alimentarse de tus loquios, al amparo de tramas seductivas.

Mi burlador observó al pájaro que vuela y a la abeja que chupa. Por eso serán oídas como ¡palabras cochambrosas, más burdamente aprendidas de carracas, gestos imitados de otros bichos cantarines, tardíos zumbidos en colmenas, que te echan al oído!

Cuando brincó a mis sépalos ya él sabía cómo quitarme los carpelos, sin más consentimiento que mi llanto y cómo hundir sus dientes donde más comezón el aguijón nos deja, se frotaba a mi corola para comunicar su bestia pentacíclica y llegarme a la vena del deseo.

Su lengua fue convicente, no porque lo que dijo, no... ¡por lo que engendra en mi tubo estiloidal, por escozores que impuso a los mórbidos intersticios vegetales!

¡Qué aberrantes estímulos, qué vergüenza colada, donde ya sólo queda por opción derramarse!

El androceo se meció geotrópicamente, encimado donde no fue llamado y, para sorpresa mía, no quedé satisfecha, con el ritmo estambrizado! Despatarrada para él, ¿qué cuentan mis lágrimas verduzcas, o de qué vale maldecir el gineceo, o querer venas abiertas para que salga leche blanca de los tallos?

Ya, con granizos despojados del estambre, o con anteros quebrados en los saltos del polen, que caiga lo demás sobre ese tálamo, que descosa el pico mi agujero y el cáliz de la ira ofrezca señal de Gran Tribulación. Que venga el Cristo Verga entre las flores... ¡ay, la carga masculina de vida fecundante, ay, babosas estrellas del ovario, ay, el ojo sorprendido, ante gérmenes futuros de llanto!

¡Ay, del último ay, la Gran Tijera del Jardinero humano, ay tribu, mi ovación! Vivo entre las flores caídas y burladas. Un jardinero trajo las pinzas, tijeras de afilada certidumbre.

Me observó inmensamente frío, perdida, aún joven y abandonada. Y con gozo homicida, al saberme abierta y seducida, como patas de lagarto bocarriba, me lavó no por piedad.

La cochambre del canijo fue evidencia.

—Esta es puta también, se abre, se derrama, así pensaría. Como dios que trafica con culantro y forja yerbabuena con la ruda y, cuando hierve el llantén y siega el anamú, me vendería.

El androceo se quedó allí, viéndolo todo, borrachito de amor por causa de mi tala. Si me vio, no me conoce. Que me lleven a la múcara, a la muerte, a los herbarios. Habrá otra flor, sobre la cual saltar como una rana, cuando se reponga de haber seducido mi dulce y núbil silueta de azucena.

—¡Mírame, androceo, arrebol en cada pétalo, vibrátil cada miguita de célula, mírame en deshonra de plenitud, putalizada para el corte final del que te imita! Soy un cacalote de tenues tejidos, harapito hecho lisonja del diseño de siglos, Ceres que suelta el mirlo para hablar de la vida hecha jazmín y rosa y gardenia e hibisco rojo: lindas flores para el placer humano.

La mano que me arranca de la tierra es otra bruta mano. Y tiene su tiesto en la esquina.

Durante días cacrecos de ventana, en la casa de las cosas y las gentes, yo seré un adorno, objeto en calobiótica regularidad de porcelana. Seré lo único verde, vivo, oloroso y sencillo, como la puerca caída del polen, o las feces negruzcas de los pajaritos.

Me marchitaré a solas. Ya no soy niña. A los capullos, los *devas,* húmedos y oscuros diablillos del rocío, los protegen. —¿Y a mí? ¿Quién?... ¿quién cuando más bella soy para el que espía?

Por el contrario, a la luz de ojos ciegos, indiferentes y mezquinos, me sacaron... y, en despedida del jardín que me cuidara, el androceo, tú, maldito, me quitaste las querencias de mis ramas...

¡Estoy triste, violada de vida, como puta en su maceta de frazadas, cazada a tijerazos para enormes palacios!

Te recuerdo, androceo, y me das pena y siento odio. Me díste el primer tijerazo, sin tijera.

Entre los míos me humillaste. Te saludo. Escupo mi despedida con pánico...

¡Ojalá te seques o seas pisado como orujo y henazgo!

Pero yo sigo casta y silvestre hasta el periantío.

Hoy, a una lluvia de horas, reflorezco.

13-5-1987.

Publicado el domingo, Noviembre 7, 2004
en la revista electrónica **Opine**

SOBRE EL AUTOR

Carlos López Dzur, previamente dedicado a la producción de literatura virtual en casi todos los géneros, **obtuvo** un galardón poético del **Chicano Literary Contest** de la Universidad de California. Irvine. Por su vivencia en la frontera mexicoamericana e interés en sus problemáticas, las revistas universitarias chicanas **Voz Fronteriza, Maíze, La Guarida del Hopo, Tzentzontle, El Último Vuelo, Melquíades** le publican ocasionalmente sus cuentos. Se le incluye en la **Antología de Poetas de Baja California** y en un **Diccionario de Escritores Mexicanos del Siglo XX** de Aurora Maura Ocampo de Gómez, **Diccionario de Literatura Mexicana.** 1988: y al regresar a Puerto Rico, su país natal, publica en **El Sótano, Letras Salvajes.** otras bitácoras y libros electrónicos, entre ellos, en **(Per}versiones en el Paraíso.**

Anteriormente, **López Dzur** fue incluido y comentado entre dieciséis autores puertorriqueños antologados en 1991 en la editorial Arte y Literatura de La Habana, Cuba, con prólogo y comentarios por Vitalina Alfonso y Emilio Jorge Rodríguez, así como en la antología **Cuentos para ahuyentar el turismo** y en **La Guagua aérea** (1994) de Luis Rafael Sánchez.

Entre sus libros de cuentos están, a partir de «Sarnas de la ira parda»: «**Las zorrerias**», «**Rayos por celo de tu cuerpo**», «**Cuentos Osirianos para despabilados**» (2014), «**Cuentos sediciosos y bolivarianos**», «**Prosopopeyas de Eros**», y el que ahora presentamos «**Cronicas de la senda oscuras**».